- Mibeko Zomi -

Mobeko na Nzambe

Dr. Jaerock Lee

> *"Soki bolingi ngai,
> bokotosa malako na Ngai."*
> *(Yoane 14:15)*

MOBEKO NA NZAMBE na Dr. Jaerock Lee
Ebimisami na Ba Buku Urim (Ekambami na: Johnny. H. Kim)
235-3, Guro-dong 3, Guro-gu, Seoul, Coree.
www.urimbooks.com

Droit D'auteur. Buku oyo to mpe eteni na yango ekoki na kobimisama soko te, kofandisama kati na systeme moko na kobimisama ebele te, to mpe kopesama na lolenge soko nini to mpe, na lolenge na electronique, mecanique, photocopie, enregistrement to mpe nini, soki nzela epesami na mobimisi na yango te.

Makomi isantu nioso mazwami kati na Biblia Esantu iye ibengami, NEW AMERICAN STANDAED BIBLE, ®, Copiright © 1960, 1962, 1963, 1968, 1971, 1972, 1973, 1975, 1977, 1995 epai na Fondation Lockman. Isalemi soki nzela epesami.

Copyright ©2009 by Dr. Jaerock Lee
Droit D'auteur © 2008 na Dr. Jaerock Lee
ISBN: 979-11-263-1238-2 03230
Copyright na Traducteur © 2008 na Dr, Esther K. Chung. Bakosalela yango soki nzela epesami.

Kobimisama eleka na ki Coreen na Ba Buku Urim na 2007

Publication way ambo Juillet 2023

Edition na Dr. Geumsun Vin
Desin na Ndako na Edition na ba Biku Urim
Mpona boluki na Koyeba mingi, tala na: urimbook@hotmail.com

Limbola

Na tango nazalaki kosala mosala na Nzambe, natunama mituna ndenge na ndende lokola ete, "Nzambe Azali wapi?" to "Talisa ngai Nzambe," to "Lolenge nini Nakoki kokutana na Nzambe?" Bato batunaka mituna eye mpo ete bayebi te lolenge nini kokutana na Nzambe. Kasi nzela na kokutana na Nzambe ezali pete koleka oyo tozali kokanisa. Tokoki kokutana na Nzambe na koyekolaka kaka Mibeko na Ye mpe na kotosaka yango. Kasi, ata ata ete bato mingi bayebi likambo oyo na kati na ba bongo na bango, bakokaka te kotosa yango pamba te basosolaka te limbola na molimo eye ezwami kati na mobeko moko na moko, yango mpe ebima lokola mozindo na bolingo na Tata mpona biso.

Kaka lolenge moto azalaka na bosenga na kolakisama mpona kobongisama mpona kokutana na mokili, muana na Nzambe mpe azali na bosenga na malakisi masengela mpona kobonfisama mpona kokutana na Lola. Yango ezali esika wapi mibeko na Nzambe ekominisamaka. Mibeko na Nzambe to mpe Mibeko na Ye Zomi, masengeli kolakisama epai na muana niso na sika na Nzambe, mpe masalelama na bomoi nioso na Mokristu. Mobeko na Nzambe ezali mibeko miye Nzambe Akela mpona biso loikola nzela na kopusana penepene na Ye, kozwa bitano na Ye, mpe kozala elongo na Ye. Na lolenge mosusu, koyekola Mobeko na Nzambe ezali tiket na biso mpona kokutana na Nzambe.

Na ba mbula 1446 Liboso na Christu, kka sima na Bayisalele kobima na Ejipito, Nzambe Alingaka kotambwisa bango na mokili etonda miliki mpe mafuta nzoi, eye eyebana lokola mokili na Kanana. Mpona oyo kosalema, Bayisalele bazalaki na bosenga na kososola mokano na Nzambe mpe balingaki lisusu koyeba nini esengela mpenza nini esengela mpenza mpona kokoma muana na Nzambe.

Yango tina Nzambe Akomaka na bolingo nioso Mibeko Zomi, yango esangisi nioso na mibeko na Ye, likolo na mabanga mibale *Esode 24:12). Apesaki bongo mabanga mango epai na Mose mpo ete akoka koyekolisa Bayisalele na lolenge nini bakokaki kokoma esika wapi Nzambe Alingelaki bango, yango ezali solo, na bozali na Ye, na kolakisaka bango mosala na bana na Nzambe.

Ba mbula ntuku misato mileka, sima na ngai kokutana na Nzambe na bomoi, nayaki koyeba mpe kotosa mibeko ma Ye na tango nazalaki koyangana na lingomba mpe na kolukaka mayangani nioso na bolamuki nakokaki kokutana na yango. Na kobanda na kotika makaya mpe komela masanga, Nayaka koyeba likolo na kobatela mokolo na Sabata bulee, nakopesaka moko na zomi esengela, kobondela, mpe bongo na bongo. Kati na buku na kokomela moke, Nabandaki kokoma masumu nioso nakokaki kolongola mbala moko te. Bongo nabondelaka mpe nakilaka bilei, na kosengaka epai na Nzambe ete Asunga ngai natosa malako ma Ye. Lipamboli nazwaki lokola lifuti ezalaki na kokamwa!

Yambo Nzambe Apambolaki libota na bison a nzoto mpo ete moto moko te abela. Bongo sima Apesaki na biso ebele na mapamboli na misolo nde tokoka mpenza komipesa na kosunga baye oyo bazangaka. Na suka, Akitisaki mpenza mapamboli mingi na molimo likolo na ngai nde sik'awa nakoki kotambwisa Ministere na mokili mobimba eye emikaba na sango malamu na mokili mobimba mpe ba mision. Soki boyekoli mibeko na Nzambe mpe botosi yango, kaka bino ten de bokofuluka na makambo nioso kati na bomoi na bino, kasi bokozala mpe na makoki na komona nkembo kongenga koleka moi, na tango bokokota kati na bokonzi na Ye na seko.

Buku oyo Mobeko na Nzambe ezali lisanga na maboke na mateya maye makolobelaka Liloba na Ye, mpe "malakisi na Mibeko Zomi" maye nazwaka na tango nazalaka kokila mpe kobondela sima na mua tango moke na ngai koband ministere na ngai. Na nzela na malakisi mana nioso ebele na bandimi bayaka na kososola bolingo na Nzambe, bayaka kobika bomoi na botosi na Mibeko maYe, mpe bongo bafulukaki na molimo mpe na makambo misusu na bomoi na bango. Lisusu, ebele na bandimi bayaka kozwa biyanoi na mabondeli na bango nioso. Na motuyya koleka, bango nioso bayaka kozwa elikia monene mpona Lola.

Na boye soki boyei na koyeba limbola na molimo na Mibeko Zomi maye malobami kati na buku oyo, mpe boyei na kososola mozindo na bolingo na Nzambe oyo Apesa na biso Mibeko

Zomi mpe bozwi ekateli na kobika kolandana na mibeko ma Ye, Nakoki kobetise;a bino sete ete bokozwa mapamboli na Nkolo na kokamwisa. Kati na Dutelonome 28:1-2, elobi ete bokopambolama na tango nioso ete: "Soko okotosa mongongo na YAWE Nzambe nay o mpe okosenjela ete osala malako na ye nioso oyo elakeli ngai yolelo, mbe YAWE Nzambe nay o Akonetola yon a likolo na mabota nioso nan se, Mapamboli oyo mioso makokwela yo mpe makobila yo, soko okotosa mongongo na YAWE Nzambe na yo".

Nakolinga kopesa matondi na ngai epai na Geumsun Vin, Mokambi na Ndako na Edition, Ba Buku Urim, mpe bato nioso oyo bakosala na ye elongo mpona komikaba na bango eye ezanga motuya mpe na komipesa na bango oyo ezanga motuya mpona kobimisama na buku oyo. Nabondeli mpe na nkombo na Nkolo ete ba oyo nioso bakokutana na buku oyo bakoya ba pete nioso kososola mibeko na Nzambe, mpe bakotosa malako ma ye mpona kokoma balingami makasi, mpe bongo bana na Nzambe ba oyo bapambolama mingi!

Jaerock Lee

Ekotiseli

Topesi nkembo nioso epai na Nzambe Tata mpona kondimela biso ete tosangisa mateyo na Mibeko Zomi, maye mabombi motema mpe mokano na Nzambe, kati na buku oyo, Mobeko na Nzambe.

Yambo, "Bolingo na Nzambe izwamama kati na Mibeko Zomi," makotondisa motango na malakisi masengela mpona Mibeko Zomi. Ikoyanola motuna na, "Nini solo ezali Mibeko Zomi?" Chapitre oyo mpe elimboleli na biso ete NNzambe Apesa na biso Mibeko Zomi mpo ete Alingaki biso, mpe solo solo Alingaki kopambola biso. Boye na tango totosi mobeko moko na moko kati na nguya na bolingo na Nzambe, nde tokoka kozwa mapamboli nioso eye Abombela biso.

Kati na Mobeko na Liboso," tozali koyekola ete soki moto nani nani akolingaka Nzambe, ye mobali to muasi akoki kotosa mibeko ma Ye. Chapitre oyo elobeli koleka na esika wapi Nzambe Alobeli biso ete tozala na nzambe mosusu liboso na Ye te.

"Mobeko na Mibale" elobe;I motuya na mpo nini tosengeli soko te kongumbamela bikeko- to mpe na lolenge na molimo- kozala na eloko oyo eye moto akoki kolinga koleka Nzambe. Awa, tokoyekolaka mpe likolo na makambo makoyelaka bison a tango tongumbameli bikeko mpe soki tosali yango te, mpe mapamboli nini mpe bilakeli mabe maye makoyaka kati na bomoi na biso lokola lifuti.

Chapitre likolo na "Mobeko na Misato" elimboli nini elakisi mpona kozwa nkombo na YAWE pamba, nini moto asengeli kosala mpona kokima kosama lisumu eye.

Kati na mobeko Minei" tokoyekolaka likolo na ntina na solo na "Sabata," mpe mpo nini Sabata embongwana na Samedi mpona Eyenga, kolongwa na Kondimana na Kala kino Kondimana na Sika. Chapitre oyo mpe elimboli mpenza lolenge kani moto asengeli kobatela mokolo na Sabata bulee, mingi mingi na ba lolenge misato na kokesana. Chapitre oyo mpe emanyoli ba lolenge wapi ba exeption na mobeko oyo ikoki kotiama- na tango moto akoki kosala to mpe bopesami na misolo makoki kondimana na mokolo na Sabata.

"Mobeko na Mitano" elimboli na mozindo lolenge kani moto akoki kosepelisa baboti na ye na lolenge na bonzambe. Toyekoli mpe lolenge nini elakisi kopesa lokumu epai na Nzambe, oyo Azali Tata na milimo na biso, mpe mapamboli na lolenge nini tokozwaka na tango topesi Ye lokumu, mpe baboti na bison a mosuni, kati na solo na Ye.

Chapitre mpona "Mobeko na Motoba" esengeli na biteni mibale ete: eteni na liboso etelemeli lisumu na koboma na mosuni, mpe eteni na mibale ezali limbola na molimo na kosala lisumu na koboma kati na motema na moto moko, oyo ebele na bandimi bakoki kozala na mbeba na kosala yango, kasi basosoli te ete basali yango.

"Mobeko na Sambo" elekeli lisumu na kosala ekobo na bonzoto mpe lisumu na kosala lisumu kati na motema na moto to mpe makanisi, eye ezali solo oyo eleki somo na masumu oyo mibale. Chapitre oyo mpe ekeyi likolo na limbola na molimo na kosala lisumu oyo, mpe nzela na kobondela mpe na kokila, na wapi moto akoki kobwaka lisumu oyo na nzela na lisungi na Molimo Mosantu mpe ngolu mpe nguya na Nzambe.

"Mobeko Mwambe" elimboli koyiba na lolenge na mosuni, mpe koyiba na lolenge na molimo. Chapitre oyo mpe elimboli na mozindo lolenge nini moto akoki kosala lisumu na koyiba Nzambe na kozanga kopesa moko na zomi mpe mabonza, to mpe na kosalela mabe Liloba na Nzambe.

"Mobeko na Libwa" elimboli na ba lolenge misato na kopesa litatoli mabe, to mpe kokoksa. Chapitre oyo mpe ebetisi sete na lolenge kani moto akoki kopikola mosisa na kokosama kati na motema na ye na kotondisa motema na ye na solo esika na lokuta.

"Mobeko na Zomi" elimboli na esika wapi tokoki kosumuka na tango tozali kolula biloko mozalani na biso. Awa toyekoli mpe ete lipamboli na solo ezali na tango molema na biso efuluki, mpo ete na tango molema na biso efuluki, tokozwaka lipamboli na kofuluka kati na makambo nioso na bomoi na biso.

Sukasuka, kati na Chapitre na suka, "Mobeko na Bozali kati na Nzambe," lolenge tozali koyekola mosala na Yesu Christu Ye oyo Akokisaka Mobeko kati na bolingo, toyekoli ete tosengeli kozal na bolingo mpona kokokisa Liloba na

Nzambe. Toyekoli mpe mpona bolingo na lolenge oyo ekolekelaka ata bosembo.

Nakolikia ete makomi iye ikosunga yo, motangi, na kososola malamu mpenza limbola na molimo na Mibeko Zomi, mpe na lolenge bozali kotosa mibeko na YAWE, tika ete bokoka tango nioso kozala kati na bozali na kongenga na Nzambe. Nabondeli mpe na nkombo na Nkolo ete na tango bino bozali kokokisa mibeko na Ye, boya kati na esika na bomoi na bino na molimo esika wapi mabondeli na bino nioso mayanolami, mpe mapamboli ma Ye etondisami kati na bisika nioso na bomoi na bino!

Geumsun Vin
Mokambi na Ndako na Edition

Table de Matieres

Liboso

Ekotiseli

Chapitre 1
Bolingo na Nzambe Ezwami Kati na Mibeko Zomi 1

Chapitre 2 Mobeko na Liboso
"Okozala na Nzambe Mosusu Liboso na Ngai te" 13

Chapitre 3 Mobeko na Mibale
"Okosala ekeko mpona yo te,
Okokumbamela yango te to okosalela yango te" 29

Chapitre 4 Mobeko na Misato
"Okotanga nkombo na YAWE Nzambe nay o mpamba te" 51

Chapitre 5 Mobeko na Minei
"Kanisa Mokolo na Sabata ete Obulisa yango" 67

Chapitre 6 Mobeko Mitano
"Kumisa tata nay o mpe mama nay o" 87

Chapitre 7 Mobeko Motoba
"Okoboma te"   101

Chapitre 8 Mobeko Sambo
"Okosala Ekobo te"   117

Chapitre 9 Mobeko mwambe
"Okoyiba te"   135

Chapitre 10 Mobeko Libwa
"Okoloba matatoli na lokuta na ntina na
mozalani nay o te"   151

Chapitre 11 Mobeko Zomi
"Okolula ndako na mozalani nay o te"   165

Chapitre 12
Mobeko na Bozali na Nzambe Elongo   181

Chapitre 1

Bolingo na Nzambe Efandisami kati na Mibeko Zomi

Esode 20:5-6

Okongumbamela yango te to kosalela yango te, mpo été Ngai YAWE Nzambe na yo Nazali Nzambe na zua na kobatela, mpe Nakokokisa mabe na batata likolo na bana kino libota na misato mpe na minei na baoyo bakoyinaka Ngai. Nde Nakomonisa boboto na bato nkoto na nkoto baoyo bakolingaka Ngai mpe bakotosaka mibeko na Ngai.''

Libota na Yakobo ikolaki na oyo ezalaka kaka bato zomi na babale- na tango bango bakomaka kati na Ejipito mbala na liboso-kino kokoma motuya esengeli mpona kokoma ekolo. Mpe lolenge ekolo yango ekolaka makasi, Nzambe Aponaka moto moko na nkombo na Mose mpo ete akoma motambwisi na Yisalele. Bongo Nzambe Amemaka bato oyo kati na Mokili na Elaka na Kanana, mabele etondisama na miliki mpe mafuta nzoi.

Mibeko Zomi mizalaki maloba na bolingo eye Nzambe Apesaka na Bayisalele na tango Azalaka kotambwisa bango na Mabele oyo na Elaka.

Mpona Bayisalele kokota kati na mabele ipambolama na Kanana, basengelaki kokutana na makoki mibale: basengelaki kozala na kondima epai na Nzambe; mpe basengelaki kotosa ye. Kasi, soko etape etiamaka te mpona kondima na bango mpe botosi, bango balingaki te kososola nini elakisaki mpenza mpona kozala na kondima mpe kozala na botosi. Yango tina Nzambe Apesaki na bango Mibeko Zomi na nzela na motambwisi na bango Mose.

Mibeko Zomi mizali molongo na mibeko miye mikotiaka etape mpona bato kolanda, kasi Nzambe Amemaka bango na makasi ten a mbala moko mpo kotosa Mibeko oyo. Kaka sima na kotalisa bango mpe komema bango na kokutana nguya na Ye na kokamwisa- na kotindaka ba bolozi zomi na Ejipito, kokabola Mai Monaa Motane, kobongolaka main a bango bololo na mai malamu na Mala, koleisaka bana na Yisalele na Mana mpe kanga- nde Apesaki na bango Mibeko Zomi mpona bango kolanda.

Eteni eleki motuya awa mpona ba sango ezali ete liloba nioso na Nzambe, ata Mibeko Zomi, epesamelaki kaka baton a Yisalele te, kasi na ba oyo nioso bandimeli Ye lelo, lokola nzela mokuse mpona kozwa bolingo mpe mapamboli ma ye.

Motema na Nzambe Oyo Apesaka Mibeko

Na tango bazali kobokola bana baboti bakopesaka ebele na mibeko epai na bana na bango, mibeko lokola "bosengeli kosokola maboko na bino sima na bino kosakana na libanda," to "bomizipaka tango nioso na bulangeti na tango bozali kolala mpongi," to "Botikala kokatisa nzela ten a tango mwinda mpona baton a makolo ezali motane."

Baboti bakotondisaka bana na bango na mibeko nioso oyo te mpona kopesa na bango pasi. Bakolakisaka mibeko nioso oyo epai na bana na bango mpo ete balingaka bango. Ezali na momesano ete baboti baling kobatela bana na bango na ba bokono mpe na makama, mpona kobatela bango, mpe ksunga bango ete babika malamu kati na kimia na bomoi na bango mobimba. Yango ezalaki tina moko Nzambe Apesaka Mibeko Zomi epai na biso, ban aba Ye: pamba te Alingaka biso.

Kati na Esode 15:26, Nzambe Alobaki ete, "Soko okoyoka mongongo na YAWE, Nzambe na yo, mpe kosala yango ezali sembo na miso na Ye, mpe kotosa mibeko na ye nioso, mbele nakotiela yo malali moko te matiaki ngai na Baejipito, mpo ete

Ngai Nazali YAWE Mobikisi nay o." Kati na Lewitiko 26:3-5, elobi ete, "Soki bokotambola na mibeko na Ngai mpe bokotosa malako na Ngai mpe bokosalela yango, mbe Nakopesa bino mbula nan tango na yango, mpe mokili ekobota mbuma na yango, mpe nzete na elanga ikobota mbuma na yango. Kopapola ekoumela kino tango na kobuka mbuma na vinyo, mpe kobuka mbuma na vinyo ekoummela kino ntango na kolona. Bokolia mpe bokotonda mpe bokofanda na mokili na bino na nsomo te."

Nzambe Apesaki na biso mibeko mpo ete tokoka koyeba lolenge nini tokoki kokutana na Ye, tozwa mapamboli na Ye mpe biyano na mabondeli na biso, mpe na koleka tobika kati na kimia mpe na esengo kati na bomoi na biso.

Tina mosusu mpo nini tosengeli kotosa mibeko na Nzambe, ata Mibeko Zomi, ezali mpona mibeko na sembo na molimo na mokili na molimo. Kaka lolenge ekolo nioso ezalaka na mibeko na ye moko, bokonzi na Nzambe izali na mibeko na molimo miye mitiamaka na Nzambe. Ata soki Nzambe Akelaka univer mpe Ye Azali Mokeli oyo Azali na bokonzi likolo na bomoi mpenza, kufa, bilakeli mabe, mpe mapamboli, Azali monyokoli te. Yango tina ata soki Azali Mokeli na mibeko, Ye moko mpenza Akomikotisaka mpenza na kati na yango nioso.

Kaka lolenge biso tokobikaka kati na mibeko na mboka lokola baton a yango, soki tondimeli Yesu Christu lokola Mobikisi na biso mpe tokomi bana na Nzambe nde boye baton a bokonzi na Ye, nde boye tosengeli solo kobika kati na mibeko na Nzambe mpe bokonzi na Ye.

Kati na 1 Mikonzi 2:3 ekomama ete, "Batela malako na YAWE Nzambe nay o, ete otambola na nzela na Ye mpe ete obatela toli na Ye mpe bikateli na Ye mpe matatoli na Ye lokola ekomami yango na Mobeko na Mose ete olonga na nioso ekosala yo mpe na bipai bikokenda yo."

Kobila kati na mibeko na Nzambe elakisi kotosa mibeko na Nzambe, ata Mibeko Zomi, yango oyo ekomama kati na Biblia.

Na tango bokobika kati na mibeko, bokoki kozwa kobatelama na Nzambe mpe mapamboli mpe bofuluka esika nioso ekokenda bino.

Na bokeseni, na tango bobuki mibeko na Nzambe, moyini Satana azali na nzela na komema bino mimekano mpe minyoko epai na bino, bongo Nzambe Akoka kobatela bino te. Kobuka mibeko na Nzambe ezali lisumu, nde bongo ezali kokoma moumbu na lisumu mpe Satana, ye oyo akomema bino suka suka na lifelo.

Nzambe Alingi Kopambola Biso

Bongo mama na likambo oyo Nzambe Apesa na biso Mibeko Zomi ezali mpo ete Alingaka biso mpe Alingi kopambola biso. Alingeli kaka biso komona lipamboli na seko na Lola te, kasi Alingi mpe biso tozwa mapamboli na mokili mpe tofuluka na eloko nioso tozali kosala mpe awa lokola. Na tango tozali kososola bolingo oyo na Nzambe, tokoki kaka kopesa matondi epai na Nzambe mpona kopesa na biso mibeko mpe na esengo tokotosa mibeko na Ye.

Tokoki komona ete bana, na tango basosoli lolenge nini baboti na bango balingaka bango, bakomekaka kotosa baboti na bango. Ata soki bakokweya na kotosa baboti na bango mpe bazali na discipline, kasi mpo ete basosoli ete baboti na bango bakosalaka kati na bolingo, bakoki koloba ete, "Mama/Tata, nakomeka kosala malamu na koleka mbala ekoya," mpe na bolingo nioso bakokimela na maboko na baboti na bango. Mpe na lolenge babokola mpe bakokoma na bososoli na mozindo na bolingo mpe komitungisa na baboti na bango mpona bango, bana bakofanda kati na malakisi na baboti na bango mpona komemela bango esengo.

Bolingo na solo na baboti na bango ezali oyo ekopesaka bana oyo nguya na kotosa. Yango ezali lolenge moko na biso kofanda kati na maloba nioso na Nzambe maye makomama kati na Biblia. Bato bakomekaka oyo esengeli mpona koumela kati na mibeko na tango bayei na kososola ete Nzambe Alinga mpenza biso mingi nde Atindaka Muana na Ye se moko na likinda, Yesu Christu, kati na mokili oyo mpona kokufa na ekulusu mpona biso.

Na solo, monen kondima tozali na yango kati na likambo wapi Yesu Christu, oyo Azalaki na lisumu moko te, amemaka minyokoli na lolenge nioso lokola ekufaki Ye na ekulusu mpona masumu na biso, monene esengo tokozala na yango lolenge tozali kotosa mibeko mina.

Mapamboli Tozali Kozwa Na Tango Tozali Kobika Kati na Mibeko ma Ye

Ba tata na biso kati na kondima, ba oyo bazalaka kotosa liloba nioso na Nzambe mpe babikaki mpenza kolandana na mibeko ma Ye, bazwaki mapamboli minene mpe bakumisaka Nzambe Tata na mitema na bango nioso. Mpe Lelo, bazali kongenga likolo na biso pole na seko na solo oyo ekosila kopela soko te. Abalayama, Daniele, mpe ntoma Paulo bazali moke na bato oyo na kondima. Mpe ata lelo, ezali na baton a kondima ba oyo bazali kokoba kosala lokola bato oyo basalaka.

Ndakisa, mokonzi na zomi na motoba na America, Abalayama Lincoln azalaka kaka na ba sanza libwa na kelasi, kasi likolo na ezaleli na ye na kokumisama mpe na bopolo, alingama mpe atosamaka epai na ebele na bato ata lelo. Mama na Abalayama, Nancy Hanks Lincoln, akufaka na tango Lincoln azalaka kaka na ba mbula libwa, kasi na tango azalaka na bomoi, alakisaka ye ete akangaka biteni mikuse mikuse kati na Biblia mpe atosa mibeko na Nzambe.

Mpe na tango ye ayebaka ete alingaka kokufa, abengisaki muana na ye mobali mpe atikelaki ye maloba oyo na suka, "Nalingi yo ete olinga Nzambe mpe otosa Mibeko na Ye." Na lolenge Abalayama Lincoln akolaka mpe ayaka kokoma mopolitiki akenda sango, mpe abongolaka lisituale na movement na ye na kosilisa boumbu, ba buku ntuku motoba na motoba kati na Biblia mizalaki tango nioso na mopanzi na ye. Mpona bato lokola Lincoln, ba oyo babikaka tango nioso pembeni na Nzambe mpe bakobikaka kati na Liloba na Ye, Nzambe Atalisaka bango tango nioso elembo na bolingo na Ye.

Ezala tango molayi sima na ngai kobanda lingomba na bison de nakendaka kotala babalani moko ba oyo babalanaka ba mbula mingi eleka kasi bakokaki kozwa muana te. Kati na kotambwisama na Molimo Mosantu, Nakambaka mayangani mpe napambolaki babalani, Bongo Nasengaki bango eloko mpe nalobaki ete babatela mokolo na Sabata bulee na kongumbamelaka Nzambe eyenga nioso, bapesa moko na zomi, mpe batosaka Mibeko Zomi.

Babalani bandimeli sika babandaki koyangana kati na mayangani eyenga nioso mpe kopesa moko na zomi, kolandana na mibeko na Nzambe. Lokola libula, bazwaki lipamboli na mwana nde babotaki mwana na nzoto makasi. Kaka wan ate, bazwaki mpe mapamboli minene. Sasaipi, mobali azali kosala naa lingomba lokola mpaka, mpe libota mobimba bazali basungi minene mpona bato mpe sango malamu.

Kobika kati na mibeko na Nzambe ezali lokola komema mwinda kati na molili tuu. Na tango tozali na mwinda makasi, tosengeli komitungisama te mpona kotutana na eloko moko kati na molili. Na bongo, tango Nzambe, oyo Azali Pole, Azali na biso elongo, Akobatelaka biso kati na makambo nioso, mpe tozali na makoki na kosepela mapamboli mpe mpifo maye mabongisama mpona bana na Nzambe.

Fongola Mpona Kozwa Biloko Nioso oyo Bosengaki

Kati na 1 Yoane 3:21-22 elobi ete, "Balingami soko mitema na biso mikokweisaka biso te, tozali na molende liboso na Nzambe mpe soko tokolomba eloko nini, tokozua yango epai na Ye mpo ete tokokokisa malako na Ye mpe tokosalaka makambo mazali malamu na miso na Ye.."

Bongo yango ezali monene ten a koyebaka kaka ete soki tokotosaka kaka mibeko mikomama kati na Biblia mpe tokosalaka oyo ekosepelisaka Nzambe, tokoki kosenga eloko nioso epai na Ye mpe Ye Akoyanola biso? Boni esengo Nzambe Akozalaka na yango, na kotalaka ban aba Ye na botosi na miso ma Ye na kongala mpe na kokoka koyanola mabondeli na bango nioso, kolandana na mibeko na mokili na molimo!

Yango tina Mibeko Zomi na Nzambe mizali lokola buku na bolingo eye ekolakisaka biso nzela eleki malamu mpona kozwa mapamboli na Nzambe na tango tozali kobokolama kati na mokili oyo. Mibeko mizali kolakisa biso lolenge nini tokoki kokima makama to pasi minene mpe lolenge nini tokoki kozwa mapamboli.

Nzambe Apesaka biso mibeko te mpona kopesa bitumbu na ba oyo batosaka yango te, kasi mpona kotika biso ete tosepela mapamboli na libela kati na bonze na Ye kitoko na Lola na kotosaka Mibeko ma Ye (1 Tomote 2:4). Na tango boyei koyoka mpe kososola motema na Nzambe mpe kobika kati na mibeko ma Ye, bokoki kozwa ata na koleka na bolingo na Ye.

Lisusu, na lolenge bokotangaka na pembeni mobeko moko na moko, mpe na lolenge bokotosaka mpenza mobeko moko na moko na makasi eye bolingo na Nzambe ekopesaka bino, bosengeli kozala na makoki na kozwa mapamboli nioso bolingi kozwa epai na Ye.

Chapitre 2
Mobeko na Liboso

"Okozala na nzambe mosusu
Liboso na Ngai Te"

Esode 20:1-3

"Nzambe Alobaki maloba oyo nioso ete, "Ngai Nazali YAWE Nzambe nay o, oyo Abimisaki yon a mokili na Ejipito, na ndako na boumbu, okozala na banzambe mosusu liboso na Ngai te"

Bato babale oyo balingani bakoyokaka kaka esengo na kozalaka kaka bango babale. Yango tina balingami mibale bakoyokaka ata malili te na kolekisaka tango bango mibale na katikati na tango na malili koleka mpenza, yango tina bakoka kosala nioso oyo mosusu akosenga bango ete basala, ata likambo yango ezali makasi boni, soki kaka yango ekomema esengo epai na mosusu. Ata soki basengeli na komikaba mbeka bango moko mpenza mpona oyo mosusu, bakoyokaka esengo ete bakoki kosala eloko mpona moto yango mosusu, mpe bakoyokaa esengo na tango bamoni esengo na elongi na moto oyo mosusu.

Yango ezali lolenge moko mpona bolingo na biso mpona Nzambe. Soki solo tokolingaka Nzambe, bongo kotosa mibeko ma Ye mikozala na bozito moko te; kutu, esengeli komemela biso esengo.

Mibeko Zomi Miye Bana na Nzambe Basengeli Kotosa

Lelo bato misusu oyo bamibengaka bandimi balobaka ete, "Lolenge nini tokoka kotosa Mibeko Zomi nioso na Nzambe?" Bazali solo koloba ete mpo ete bato bakoka soko moke te, nde boye ezali na nzela moko te wapi biso tokoka kotosa Mibeko Zomi. Tokoki kaka komeka kotosa Mibeko nioso.

Kasi kati na 1 Yoane 5:3, ekomama ete, "Mpo ete bolingo na Nzambe ezali boye ete tokokisa malako na Ye; Malako na

Ye mpe mazali na bozito te." Oyo elakisi ete elembo ete tolingi Nzambe ezali kotalisa ete totosi mibeko ma Ye, mpe malako mango mazali na bozito maleki te mpo na biso tokoka na kotosa yango te.

Kati na Kondimana na Kala, bato basengelako kotosa mibeko kati na elikia mpe makasi na bango moko, kasi sasaipi kati na Kondimana na Sika, moto nani nani oyo andimeli Yesu Christu lokola Mobikisi na Ye akozwa Molimo Mosantu oyo Akosunga ye mpona kotosa.

Molimo mosantu Azali moko elongo na Nzambe, mpe lokola motema na Nzambe, Molimo Mosantu Azali na mosala na kosungaka bana na Nzambe. Yango tina tango na tango Molimo Mosantu Abondelaka mpona biso, Akobondisaka biso, kotambwisaka misala ma biso, mpe Akokitisaka bolingo na Nzambe likolo na biso mpo ete tokoka kobunda na masumu, ata na esika na kotangisa makila, mpe ete tosala kolandana na mokano na Nzambe (Misala 9:31, 20:28; Baloma 5:5, 8:26).

Na tango tozwi makasi oyo na Molimo Mosantu, tokoka na mozindo kososola bolingo na Nzambe oyo epesa na biso Muana na Ye se Moko na likinda, nde bongo tokoka kotosa na pasi te nini tokokaki kotosa ten a mayele mpe na makasi na biso moko. Ezali na bato oyo bakoloba ete ezali pasi kotosa mibeko na Nzambe mpe bakomekaka ata te kotosa yango. Mpe bakokoba kobika kati na masumu. Bato wana bakomekka ata kolinga Nzambe te longwa na mozindo na mitema na bango.

Kati na 1 Yoane 1:6 elobi ete, "Soko tokolobaka ete tozali na Ye na lisangana nde tokotambolaka naino kati na molili, tozali kobuka lokuta mpe tokosalaka misala na solo te" mpe kati na 1 Yooane 2:4, elobi ete, "Ye oyo azali koloba ete, Nasili koyeba Ye,' azali moto na lokuta mpe solo ezali kati na ye te."

Soki Liloba na Nzambe, oyo ezali solo mpe nkona na bomoi, ezali kati na moto, akoki kosumuka te. Akotambwisama mpona kobika kati na solo. Bongo soki moto azali koloba ete andimela Nzambe kasi azali kotosa malako na Ye te, yango elakisi ete solo ezali solo kati na ye te, mpe azali kobuka lokuta liboso na Nzambe.

Bongo nini ezali mobeko mpenza na liboso eye bana na Nzambe basengeli na kotosa, yango etalisi bolingo na bango mpona Ye?

"Okozala na nzambe Mosusu Liboso na Ngai Te"

Yo awa ezali kolobela Mose, ye oyo azwaka na mbala moko Mibeko Zomi epai na Nzambe, Bayisalele ba oyo bazwaka mibeko na nzela na Mose, mpe bana na Nzambe nioso oyo lelo babikisami na nkombo na Nkolo. Mpona nini bozali kokanisa ete Nzambe Apesaki mitindo na bato na ye ete bazala na ba Nzambe misusu lokola mobeko na liboso mpenza?

Yango ezali mpo ete kaka Nzambe Ye moko Azali solo, Nzambe kaka moko na bomoi, Mokeli na Nguya Nioso na nioso. Lisusu, kaka Nzambe nde Azali na control nioso likolo na univer, lisituale na moto, bomoi mpe kufa, mpe Apesaka bomoi na solo mpe bomoi na seko na bato.

Nzambe Azali Ye oyo Abikisaki bison a minyololo na masumu kati na mokili oyo. Yango ezali pembeni na Nzambe se moko, tosengeli te kotia nzambe mosusu kati na mitema na biso.

Kasi ebele na baton a bolema bamitiaka mosika na Nzambe mpe bazali kolekisa bomoi na bango na kongumbamelaka ba nzambe mingi na lokuta. Basusu bakongumbamelaka elilingi na Buda, oyo ekoki ata koningisa liso te, basusu bangumbamelaka mabanga, basusu banzete miwumela, mpe basusu bakotalaka ata Monzoto na Likolo mpe bakongumbamelaka yango.

Bassu bakongumbamelaka mokili mpe bakobelelaka at aba nzambe mingi na lokuta na kosanjolaka bakufi. Ekolo nioso mpe langi na poso nioso ezali na ba ebele na bikeko na bango. Kaka na Japon balobaka ete bazali mpenza na ebele na bikeko nde bazali na ba milio mwambe na banzambe.

Bongo mpo nini bokanisi ete bato basalaka ba nzambe nioso oyo na lokuta mpe bakongumbamelaka yango? Ezali mpo ete bazali komilukela ba nzela mpona komisepelisaka, to mpe bazali kaka kolanda lolenge na bakoko na bango eye ezali mpe kaka lokuta. To, bakoki mpe kozala na mposa mabe mpona kozwa ebele na mapamboli to mpe bolamu mingi na kongumbamelaka ba nzambe na kosana mingi.

Kasi eloko moko tosengeli kotalisa malamu ezali ete pembeni

na Nzambe Mokeli, Nzambe mosusu Azali na nguya na kopesa biso mapamboli, soko mpe te kobikisa biso.

Bilembo Kati na Lolenge na Nzambe Mokeli

Ekomaa kati na Baloma 1:20 ete, "Mpo ete longwa nan tango wana ezalisaki Ye mokili, makambo ma Ye mazangi komonana, yango nguya na Ye na seko mpe Bonzambe na Ye, Asili koyebisa yango polele epai na makanisi na bato kati na misala na Ye. Bongo bazali na mokalo te." Soki tokotala kati na kotambwisama na Mokili, tokoki komona ete Mokeli Aleki likolo Azali, mpe ezali kaka na Nzambe moko Mokeli.

Ndakisa, na tango tokotala ba langi na poso na bato kati na mokili oyo, ba nzoto na bato nioso izali na lolenge moko mpe na esalelami moko. Moto azala moindo to mpe mondele, ata langi nini bazali na yango, to mpe mboka wapi esika bauta, bazali na miso mibale, matoyi mibale, zolo moko, mpe monoko moko, eye ezali na esika moko na elongi. Lisusu, ezali mpe na lolenge moko mpe na ba nyama mpe lokola.

Ba nzoko bazaloi nyama na zolo molai. Kasi ata molai izali na madusu mibale na yango. Ba lapin na matoi na bango milai, mpe na nkosi kobangisa bazali bango nioso na motuya moko na miso, monoko, mpe matoi bisika moko lokola bato. Ebele na bikelamo, lokola ban yama, ba nbisi, ba ndeke, ata ban yama mike mikepembeni na caracteristique special oyo ekokesenisaka bango na mosusu- bazali bango ioso na lolenge moko na kosalelama na nzoto. Yango elakisi été Ezali kaka na Nzambe Mokeli moko.

Makambo na mokili maye mabengani phenomena naturel mpe matalisi bozali na Nzambe Moko Mokeli. Mbala moko na mokolo, mabele ekobalukaka na mobimba na yango moko, mpe mbala moko na mbula, ekobalukaka na zinga zinga na moi (revolution), mpe mbala moko na sanza, sanza ekobalukaka mpe ekozungulukaka pembeni na mokili. Likolo na makambo nioso oyo, tokoki komona ebele na makambo na lolenge na lolenge. Tozali nab utu mpe moi, ban tango minei mikesana. Tozali na komata na ba mai mpe kokita na yango, mpe mpona mbongwana na thermique tokomonaka kotambola na mapata na likolo.

Esika mpe koningana na mokili esali ete planete oyo esika esengela mpenza mpona kofanda na bato, mpe na bikelamo nioso oyo. Mosika kati na mabele mpe moi ekokaki kozal pembeni te, to mpe mosika te. Mosika kati na moi mpe na mokili ezala tango nioso na esika esengela wuta ebandeli na tango, mpe kobaluka na mokili mpe kozunguluka zingazinga na moi ebanda wuta kalakala, na kozanga mbeba kati na yango.

Mpo ete univer ekelama na, mpe ezali kosalama nan se na bwanya na Nzambe, mingi na makambo makokaki kosalema te eye moto akoki kososola na mobimba na yango te, ezali kosalema mokolo na mokolo.

Na makambo nioso oyo na komonana polele, moto moko

te akoki komilongisa na mokolo na esambiseli, "Nakokaki te kososola mpo ete nayebaka te ete Nzambe Azalaka solo."

Mokolo moko, Sir Isaak Newton asengaki moto na makoki mingi mpo na mechanique mpona kotonga eloko na motuya mingi mponasysteme solaire. Moninga na ye moko andimaka Nzambe te ayaka kotala ye na mokolo moko mpe amonaka eloko yango. Na komituna motuna moko te abalusaki buton mpe likambo na kokamwisa esalemaka. Mokili moko na moko na kati na yango ebandaki kobaluka zinga zinga na moi na mbangu na yango moko!

Moninga yango akokaki kokanga kokamwa na ye te, mpe alobaki na kokamwa ete, "Solo oyo ezali solo model kitoko mingi! Nani asalaki yango?" Boni bokanisi Newton azongizelaki ye? Ye Alobaki ete, "O, moto moko te asalaki yango. Ekomaki kaka boye na mbalakata."

Moninga amonaki lokola Newton azalaki kosaka na ye, mpe azongisaki ete, "Nini?! Okanisi ete ngai nazali zoba? Lolenge nini kati na mokili model na lolenge malamu boye ekoka kobima kaka na pwasa?"

Na oyo, Newton azongisaki monoko ete, "Oyo ezali kaka model moke na systeme solaire na solo. Yo ozali kobeta tembe ete ata model moke boye ekoki soko te kozala kaka na pwasa soko mosali na yango azali te. Bongo lolenge nini okoki kolimbola na moto oyo andimi ete systeme solaire eye tozali na yango, oyo ezali kompliquer mingi mpe monene, ete yango ebanda na pwasa mpe ezali na mokeli te?"

Yango oyo Newton akoma kati na buku na ye, na kombo na, Philosofae Naturalis Principia Matematica, yango elakisi ete "Pricpes Mathematique na Filosofie naturelle" mpe emesana na kobengama Principia, " systeme oyo eleka kitoko kati na moi, ba mikili, mpe ba comet, ekokaki kaka kowuta na bokambi mpe bokonzi na Ye oyo aleki na mayele mpe na nguya.... Ye [Nzambe] Azali seko mpe na suka te."
Yango tina eble na baton a mayele oyo batanga mibeko na mokili bazali Bakristu. Na kokoba bango bazali kotanga mokili mpe univer, na mingi mpe bazali ko decouvrir nguya ezanga suka na Nzambe.

Lisusu, na nzela na bikamwiseli mpe bilembo maye mazali kosalema mpe kotalisama epai na bandimi, na nzela na basali na Nzambe mpe ba oyo balingami mpe bandimami na Ye, mpe na nzela na lisituale na bato oyo bakokisa masakoli kati na Biblia, Nzambe Azali kotalisa na biso ebele na bilembo mpo ete tokoka kondimela Ye, Nzambe na bomoi.

Bato Oyo Bandimela Nzambe Mokeli na Kozanga Koyoka Sango Malamu

Soki bokotalaka kati na lisituale na bato, bokoki komona ete batu na motema malamu ba oyo batikalaka koyoka Sango malamu te bandimelaka Nzambe se moko Mokeli mpe bamekaka kobika kati na boyengebeni.

Baton a mitema na confusion mpe na kozanga bopeto, bangumbamelaka ba Nzambe ebele mpona komeka komibondisa. Na loboko mosusu, baton a mitema malamu mpe na kopetolama bangumbamelaka kaka mpe basalelaka Nzambe, Mokeli, ata soki bango bayebaka mpona Nzambe te. Ndakisa Amiral Soonshin Yi, oyo abikaka na ekeke na Dynastiie Chosun, asalelaka mboka na ye, mokonzi na mboka mpe baton a ye na bomoi na ye mobimba. Apesaka lokumu na baboti na ye, mpe kati na bomoi na ye mobimba, atikala koluka lifuti na ye moko te, kasi kutu amikabaka mbeka mpona bolamu na basusu. Ata soki ayebaka mpona Nzambe te mpe Nkolo na biso Yesu, atikalaka kongumbamela bonganga te, milimo mabe to zabolo, kasi na motema malamu, atikala tango nioso kaka kotala likolo mpe kondimela mokeli se moko.

Bato malamu oyo batikala koyekola Liloba na Nzambe te, kasi bokoki komona ete bameka tango nioso kobika bomoi epetolama mpe na solo. Nzambe Afungolaka nzela mpona baton a lolenge oyo mpo ete babikisama mpe lokola, na nzela na eloko moko ebengami kosambisama na motema (conscience)." Yango ezali nzela na Nzambe na kopesa lobiko na bato oyo na Kondimana na Kala, to mpe bato sima na ekeke na Uesu Christu ba oyo batikala kozwa libaku malamu te mpona koyoka Sango malamu.

Baloma 2:14-15, ekomami ete, "Bapagano baoyo bazalngi

mibeko, awa. Ezali bango kosala makambo na Mibeko (Ata bazango Mibeko mpenza) bazali na mibeko kati na abngo moko. Bazali komonisa polele ete makambo Malaki Mibeko makomami kati na mitema na bango, Lisosoli na mitema na bango ekotatolaka, makanisi na bango ndenge na ndenge makolobela mpe bango mpo na kokokisa bango soko kolongisa bango."

Na tango baton a motema malamu bakoyoka Sango Malamu, bakoyamba Nkolo kati na mitema na bango na pete nioso. Nzambe Andimela milema mana mpo ete bakokaki kofanda na tango moko kati na 'Ewelo na Likolo' mpo ete bakoka kokota Lola.

Na tango bomoi na moto esili molimo na ye etikaka nzoto na mosuni. Molimo na mpona tango moko ekofanda na esika ebengami "Ewelo." Ewelo ezali esika na tango moko esika wapi ayekolaka komesana na mokili na molimo liboso na ye kokende na esika na ye na seko. Esika oyo ekabolama na "Ewelo na Likolo," esika wapi milimo babikisama bakozelaka, mpe "Ewelo nan se," esika wapi milimo mibikisami te mikozelaka kati na kotungisama (Genese 37:35; Yobo 7:9; Mituya 16:33; Luka 16).

Kasi kati na Misala 4:12, elobi ete, "Lobiko mpe ezali na moto mosusu te, mpo ete nkombo mosusu te esili kopesama awa na nse kati na bato ete tokoka kobika mpo na yango." Bongo, mpona kopesa libaku na milimo yango na Ewelo na Likolo bazala na libaku malamu na koyoka Sango Malamu, Yesu Akendaka na Ewelo na Likolo mpona kokabola Sango Malamu elongo na bango. Makomi masimbi likambo oyo. Kati na 1 Petelo 3:18-19, elobi ete, "Pamba te Kristo Akofaki mpona masumu mbala moko mpo na libela, Ye Moyengebeni mpona bakeseni, ete Abelemisa bison a Nzambe. Abomamaki solo na nzoto na Ye mpe Azalisami na bomoi na molimo. Na yango mpe Akendaki kosakola epai na milimo mikangema."Milimo mana malamu kati na Ewelo na Likolo bandimelaki Yesu, bayambaki Sango Malamu mpe babikisamaki.

Boye mpona bato oyo babikaki na motema malamu mpe bandimelaka na Nzambe Mokeli Moko, bazala baton a Kondimana na Kala to mpe batikala koyoka mpona Sango Malamu to mibeko te, Nzambe na Sembo Atalaka nan se na mitema na bango mpe afungolaka ekuke na lobiko mpona bango.

Mpona Nini Nzambe Apesaka motindo na Baton a Ye ete Bazala na banzambe Misusu Liboso na Ye Te

Na tango na tango, ba oyo bandimela te balobaka ete, "Bokristu esengaka bato ete bandimela kaka Nzambe moko.

Bongo yango ekomoisama boyambi oyo makasi mingi te mpe na komikitisa te?"

Ezali mpe na bato oyo bakomibengaka bandimi kasi batiaka mitema na kotalisa maboko, bonganga, bakisi mpe bitsebetsebe. Nzambe solo alobela biso ete tomisangisa na esika oyo te. Alobaki été, "Okozala na Nzambe mosusu liboso na Ngai te." Yango elakisi été tosengeli te komisangisa to mpe kopambola bikeko te to mpe ekelamo moko na Nzambe te. Soko mpe te kokokisa bango na lolenge moko na Nzambe.

Ezali kaka na Mokeli moko, oyo Akelaka biso, mpe kaka Ye nde Akoki kopambola biso, mpe kaka Ye nde Akoki kopesa biso bomoi. Ba nzambe na lokuta mpe bikeko eye bato bakongumbamela mizali solo na moyini zabolo. Bazali kotelemelaka Nzambe.

Moyini zabolo bamekaka kobungisa baton a kozalaka mosika na Nzambe. Na kongumbamelaka biloko oyo mizali solo te bakosukaka na kongumbamelaka Satana, mpe bakotambolaka na libulu na bango moko.

Yango tina bato oyo bakolobaka ete bandimela Nzambe bakokobaka na kongumbamela bikeko na lokuta kati na mitema na bango mpe bazali nan se na kokosama na moyini zabolo. Mpona ntina oyo bakokobaka kokutana na pasi mpe mawa mpe konyokwama na ba malali, bokono, mpe minyokoli.

Nzambe A Azali bolingo, mpe Alingaka te baton a Ye bangumbamela bikeko na lokuta mpe batambola na nzela na kufa na seko. Yango tina Apesaka Mitindo ete tosengeli te kozala na banzambe misusu liboso na Ye. Na kongumbamelaka Ye kaka, tokoki kozala na bomoi na seko, mpe tokoki mpe kozwa mapamboli mingi epai na Ye na tango tozali kobika kati na mokili oyo.

Tosengeli Kozwa Mapamboli na Komitika Kati na Kondima na Maboko Kaka na Nzambe

Kati na 1 Ntango 16:26, ekomama ete, "Mpo ete banzambe nioso na bapaya bazali bikeko, nde YAWE Asalaki ba Lola" Soki Nzambe Atikalaka koloba te ete, "Okozala na banzambe misusu liboso na Ngai te." Bongo bato bazali na ekateli malamu te, to mpe ata bandimeli misusu bakoki na kozanga koyeba kongumbamela bikeko na lokuta mpe batambola na nzela na kufa na seko.

Tokoki komona yango kati kaka na lisituale na Yisalele. Bayisalele, kati na ebele na bato misusu, bayekola likolo na nzambe Mokeli se moko na Nioso, mpe bamona nguya na Ye na ba mbala mingi mpenza. Kasi na koleka na tango, batikalaki mosika na Nzambe mpe babandaki kongumbamela banzambe misusu mpe bikeko.

Bakanisaki ete bikeko na bapaya bamonanaki malamu, nde babandaki kongumbamela bikeko yango na esika moko na Nzambe. Bongo lokola lifuti na yango, bakutanaki na mimekano na lolenge nioso, minyoko, mpe na ba bolozi eye moyini zabolo mpe Satana bamemelaki bango. Kaka na tango bakokaki te kokanga pasi mpe minyokoli, nde wana bakotubela mpe bakozongela Nzambe.

Tina oyo Nzambe, oyo Azali bolingo, alinbisaka bango mbala na mbala lisusu mpe Abikisaka bango na minyoko ezalaki mpo ete Ye Alingaki te ete bango bakutana na kufa na libela likolo na bongumbameli na bikeko na bango.

Nzambe Akobi na kotalisa na biso bilembo ete Ye Azali Mokeli, Nzambe na bomoi, mpo ete tokoka kongumbamela Ye, mpe kaka Ye. Abikisa bison a masumu na nzela na Muana na Ye se moko na likinda, Yesu Christu, mpe Alakaka na biso bomoi na seko mpe Apesa na biso elikia kobika mpona libela kati na Lola.

Nzambe Asungaka biso ete toyeba mpe tondima ete Ye Azali Nzambe na Bomoi na kotalisaka bikamwiseli, bilembo, mpe bikamwa na nzela na baton a Ye, mpe na nzela na ba buku ntuku motoba na motoba kati na Biblia mpe kati na lisituale na bato.

Mpona bongo, tosengeli kongumbamela Nzambe kati na bosembo, Ye Mokeli na univer mobimba mpe Azali kokonza biloko nioso kati na yango. Lokola bana na Ye, tosengeli kobota ebele na ba mbuma malamu na komitikaka kaka epai na Ye.

Chapitre 3

Mobeko na Mibale

"Okosala Ekeko mpona Yo Te Okongumbamela Yango te"

Esode 20:4-6

"*Okosala ekeko mpona yote, soko elilingi na eloko na lola na likolo te, na mokili nan se te, to na main a nse na mokili te. Okongumbamela yango te to kosalela yango te, mpo été Ngai YAWE Nzambe na yo Nazali Nzambe na zua na kobatela, mpe Nakokokisa mabe na batata likolo na bana kino libota na misato mpe na minei na baoyo bakoyinaka Ngai. Nde Nakomonisa boboto na bato nkoto na nkoto baoyo bakolingaka Ngai mpe bakotosaka mibeko na Ngai.*"

"Nkolo Akufa na ekulusu mpona ngai. Lolenge kani nakoka kowangana Nkolo likolo na kobanga na kufa ? Nakosengela kutu kokufa mbala zomi mpona Nkolo na esika na kobwakisa Ye mpe kobika mpona ba mbula nkama, to mpe ata ba nkoto na ba mbula mizali na ntina moko te. Nazali kaka na komipesa moko. Nasengi bosunga ngai na kolonga nguya na kufa mpo été nakoka soko moko te kotia Nkolo na ngai na nsoni na kobatelaka bomoi na Ngai moko."

Oyo ezali litatoli na Reverend Ki-Chol Chu, oyo abomamaka sima na ye koboya kongumbama liboso na ndako na bikeko na bato na Japon. Lisolo na ye ezwami kati na buku na, Koleka Molongi: Lisolo na Bobobami na Reverend Ki-Chol Chu. Na kozanga kozonga sima kati na kobanga na mopanga to mpe monduki, Reverend Ki Chol Cho atika bomoi na ye mona kotosa mobeko na Nzambe na kofukama te liboso na bikeko.

"Okosala Ekeko Mpona Yo te Okongumbamela Yango Te"

Lokola Bakristu ezali mosala na biso kolinga mpe kongumbamela Nzambe, mpe kaka Nzambe. Yango ntina Nzambe Apesa na biso mobeko na liboso ete, "Okozala na banzambe mossu te liboso na Ngai." Mpe na bongo kopekisa mpenza kofukamela bikeko, Apesa na biso mobeko na mibale ete, "Okosala ekeko mpo nay o te, Okofukamela yango te to mpe kosalela yango te."

Na kotala na liboso, bokoki kokanisa ete mobeko na liboso mpe oyo na mibale mikokani. Kasi mitiama lokola mibeko mikesana pamba te mizaki na limbola na molimo iye ikesana. Mobeko na liboso ezali kokebisa likolo na politheisme (kozala nabanzambe ebele), mpe elobeli na biso ete tolinga mpe tosanjola kaka Nzambe Ye moko na solo.

Mobeko na mibale ezali liteyo na kopekisa kongumbamela bikeko, mpe ezali limbola na mapamboli bozali kozwa na tango bokosanjola mpe bolingi Nzambe. Bongo tika totala na pembeni na nini liloba ekeko elakisi.

Limbola na Mosuni mpona "Ekeko"

Liloba ekeko ekoki kolimbolama na ba lolenge mibale; ekeko na mosuni mpe ekeko na molimo. Yambo, na lolenge na mosuni, 'ekeko" ezali elilingi to mpe eloko na nzoto mpona kolakisa nzambe moko oyo azali na lolenge na mosuni te epai wapi kongumbamelama ekoki kopesama."

Na lolenge mosusu, ekeko ekoki kozala elokol nioso ete: nzete, libanga, elilingi na moto, nyama na makila, nyama mike mike, ndeke, ekelamo na mai monana, moi, sanza, minzoto na likolo, to mpe eloko moko oyo esalemi na makanisi na moto oyo akoki komisalela na mabende, wolo, to mpe eloko soko mpe nini ekoki kozala mpo ete moto apesa yango lokumu to mpe angumbamela. Kasi ekeko oyo moto akela ezalaka na bomoi te, bongo ekoki solo koyanola yo te, soko mpe te kopambola bino. Soki bato, ba oyo bakelama na elilingi na Nzambe, bakeli elilingi mosusu na maboko na bango moko mpe bangumbameli yango, na kosengaka yango ete epambola bango, boni bolema mpe na kosekisa yango ekomonana?

Kati na Yisaya 46:6-7 elobi ete, "Baoyo bakobimisa wolo mingi na libenga, bakopima bozito na palata na epimeli, bakopesa mosali na wolo mosolo mpe akosala na yango nzambe, wana bakongumbama mpe bakosambela! Bakotombola yango na mabeka na bango, bakokumba yango, bakotia yango na esika na yango mpe ekotelema wana. Eyebi kolongwa na esika na yango te. Soko moto akonganga na yango, ekozongisa monoko te, ekobikisa ye na mpasi na ye mpe te."

Kaka na koloba te ete likomi oyo ezali kotalisa kosalema na ekeko mpe kongumamela yango te; kasi ezali mpe kolobela kondimela ba kisi mpona moto kozala na libaku mabe te to mpe koslaa masanjoli na kopesa mbeka na kofukama mpona mokufi. Ata bato bakondimaka makambo na milimo mpe misala na bonganga bango mpe bakweyi kati na eteni oyo. Bato bakokanisaka ete kisi ekobenganaka minyoko mpe ikomemaka libaku malamu, kasi yango ezali solo te. Baton a miso na molimo efungwama, bakoki komona ete milimo na molili, milimo mabe bakoyaka solo bisika wapi bakisi mpe bikeko mizali, na suka suka komemaka makama mpe minyoko epai nab to oyo bazali na yango. Pembeni na Nzambe na Bomoi, ezali na nzambe mosusu te oyo akoki komema mapamboli na solo epai na bato. Ba nzambe misusu bazali ebandeli na makama mpe bilakeli mabe.

Bongo mpo nini bato basalaka bikeko mpe bakongumbamelaka bango? Ezali mpo ete bato bazalaka na tendence na kolinga komisepelisaka na biloko oyo bango bakoki komona, koyoka, mpe kosimba.

Tokoki komona likambo oyo epai na Bayisalele na tango balongwaka na Ejipito. Na tango babelelaka Nzambe mpona ba pasi na bango mpe na ba bwale na bango na boumbo mpona ba mbula 400, Nzambe Atiaka Mose lokola motambwisi na bango mpona kobima na bango na Ejipito, mpe Atalisaka na bango bilembo na lolenge nioso mpe bikamwiseli mpo ete bakoka kozala na kondima epai na Ye.

Na tango Falo aboyaki kotika bango ete bakende, Nzambe Atindaka bolozi zomi kati na Ejipito. Mpe na tango Mai monana motane etelemaki na nzela na Bayisalele, Nzambe Akabolaki main a biteni mibale. Ata sima na komona bikamwa na lolenge wana, na tango mose amataki na ngomba mpona mikolo ntuku minei mpona kozwa Mibeko Zomi, bato na ye babungisaki kokanga motema mpe bamisalelaki ekeko mpe bangmbamelaki yango. Mpo ete mosali na Nzambe Mose alongwaki na miso na bango, balingaki komisalela eloko oyo bakokaki komona mpe kongumbamela.

Basalaki mwana na ngombe na wolo mpe babengaki yango nzambe oyo atambwisaki bango kino sasaipi. Bapesaki at aba mbeka epai na yango, mpe bamelaki, baliaki, mpe babinaki liboso na yango. Likambo oyo ememaki Bayisalele komona nkand monene na Nzambe.

Mpo ete Nzambe Azali molimo, bato bakoki komona Ye na miso na bango na mosuni te, to mpe kosala elilingi na mosuni mpona kotalisa Ye. Yango tina tosengeli soko moke te kosala ekeko mpe kobenga yango "nzambe." Mpe tosengeli te kongumbamela yango.

Kati na Dutelonome 4:23, elobi ete, "Bomisenjela ete bobosana Kondimana na YAWE Nzambe na bino te, oyo Asalelaki bino, mpe kosala ekeko na lolenge na eloko oyo YAWE Nzambe na bino Aboyi na bino te. " Kongumbela bikeko mizanga bomoi kati na yango, mizanga nguya esika na Nzambe, Mokeli na solo, ekosala mabe koleka malamu epai na bato.

Ba Ndakisa na Kongunbamela Bikeko

Bandimi misusu bakoki kokweya kati na motambo na kongumbamela bikeko na koyeba ata yango te. Ndakisa, bato misusu bakoki kongumbamela elilingi na Yesu, to mpe ekeko na Moseka Malia, to mpe epai na bakolo misusu kati na kondima. Ebele na bato bakoki kokanisa ete yango ezali kokumbamela bikeko te, kasi yango ezali lolenge na kongumbamela bikeko oyo Nzambe Alingaka te. Awa ezali ndakisa malamu: ebele na bato bakobengaka Moseka Malia "Mama Bulee." Kasi soki botangi kati na Biblia, bokoki komona solo ete oyo ezali mabe. Yesu Akotisamaki na Molimo Mosantu, na mai na mobali soko mpe te maki na mwasi te. Na bongo, tokoki te kobenga Moseka Malia « mama. » Ndakisa, mayele na lelo ezali kopesa nzela na minganga été batia mai na mobali mpe maki na mwasi kati na masini eye ezali kosala bokolisi na mwana. Bongo elingi te koloba été tokoki kobenga masini oyo mama na mwana oyo abotami na lolenge oyo.

Yesu, kozala lolenge mpenza moko na Nzambe Tata, Akotisamaki na nguya na Molimo mosantu, mpe Ye Abotamaki na nzela na nzoto na Moseka Malia mpo été Akoka koya kati na mokili oyo na lolenge na nzoto. Yango tina Yesu Abengaka Moseka Malia 'mwasi', kasi "mama te" (Yoane 2:4, 19:26). Kati na Biblia, na tango Malia atangami lokola mama na Nkolo, ezali kaka mpo été ekomami na lolenge na komona na bayekoli oyo bakomaki kati na Biblia.

Liboso na kufa na Ye, Yesu Alobaki na Yoane ete, "Tala, mama nay o!" na kolobelaka Malia. Awa, Yesu Azalaki kosenga na Yoane ete Asunga Malia lokola mama na ye moko (Yoane

19:27). Yesu Asalaki bosenga oyo mpo ete Azalaki komeka kobondisa Malia, pamba te asosolaki mawa kati na motema na ye, mpo ete Asalelaki Ye longwa tango oyo Akotisamaki na Molimo Mosantu, kino tango oyo Akomaki mokolo na nguya na Nzambe mpe Alongwaki na ye.

Ata bongo ezali malamu te kongumbamela ekeko na Moseka Malia.

Ba mbula sima eleka na tango na bembukaki na ba mboka na moyen orient, moto moko na motuya makasi abengisaki ngai epai moko mpe atalisaki na ngai tapis moko kitoko kati na lisolo na biso. Ezalaki eloko moko na motuya, tapis esalema na maboko eye ezwaki ba mbula mpona kosala yango. Likolo na yango ezalaki na elilingi na Yesu moindo. Na ndakisa oyo, tokoki komona ete ata elilingi na Yesu ezali kaka moko te, etali kaka moto nani to mpe moto akokoma yango. Bongo, soki tosengelaki na kofukamela to mpe kosambela elilingi oyo, tokosala bongumbameli na bikeko, oyo ekoki solo kondimama te.

Nini Ekoki Komonana "Ekeko" mpe nini Ezali te?

Na mbala moko kati na bomoi ezalaka na ba oyo bazalaka na ekenge mingi, mpe bango bakobetaka tembe ete "ekulusu" oyo emonani kati na mangomba ezali lolenge na ekeko. Kasi, ekulusu ezali ekeko te. Ezali elembo na Sango Malamu eye Bakristu bandimelaka. Ntina wapi Bakristu bakotalelaka ekulusu ezali mpona kokanisa makila na motuya esanto na Yesu oyo esopanaka mpona masumu na bato, mpe ngolu na Nzambe oyo Apesa na biso Sango Malamu. Ekulusu ekoki te kozala eloko na kongumbamela to mpe ekeko.

Yango ezali lolenge moko na elilingi na Yesu kamema mpate, to mpe Elambo na Suka, to elilingi wapi mosali na yango alingaki kaka kotalisa likanisi.

Elilingi na Yesu komema mpate etalisi ete Ye Azali mobateli mpate malamu. Mosali na yango asalaki yango te mpo été yango ekoma eloko na kongumbamela. Kasi moto moko asengelaki kongumbamela yango, to mpe kofukamela yango, ekokoma ekeko.

Ezali na makambo esika wapi bato bakolobaka ete, "Na tango na Kondimana na Kala Mose asalaka ekeko." Bango bazali kolobela esika wapi Bayisalele bayimakiyimaki epai na Nzambe nde basukaki na kosuama na ba nyoka ngenge kati na lisobe.

Na tango ebele bazalaki kokufa na sima na bango koswama na ba nyoka na ngenge, Mose asalaki nyoka na motako mpe atiaki yango likolo na nzete. Ba oyo batosaki Liloba na Nzambe mpe batalaki nyoka na motako babikaki, mpe ba oyo batalaki yango te bakufaki.

Nzambe Alobaki na Mose te ete asala nyoka na motako mpo

ete bato bakoka kongumbamela yango. Alingaki kolakisa na bato elembo na Yesu Christu, oyo na mokolo moko akoya kobikisa bango na elakelami mabe bazalaki nan se na yango, kolandana na mibeko na molimo.

Bato oyo batosaki Nzambe batalaki nyoka na motako, batikalaki kokufa te mpona masumu na bango. Lolenge moko, milimo oyo mindimaki ete Yesu Christu Akufaka na ekulusu mpona masumu na bango mpe bandimaki Ye lokola Mobikisi na bango mpe Nkolo bakokufa te likolo na masumu na bango, kasi bakokozwa kutu bomoi na seko.

Kati na 2 Mikonzi 18:24 elobi ete na tamgo mokonzi na zomi na motoba na Yuda, Ezekia, azalaki kobebisa ba nzambe na bikeko nioso na Yisalele ete, "Akataki bikeko na Asela mpe abukakibukaki nyoka na motako oyo esalaki Mose mpo ete kino mokolo yango bana na Yisalele batumbelaki yango mpaka na malas; ebengamaki ete Nehusutana." Oyo ezali mpo na kolakisa na bato ete ata soki nyoka na motako esalemaki na motindo na Nzambe, esengelaki soko te kokoma eloko na kongumbamela, mpo ete yango ezalaki likanisi na Nzambe mpona yango te.

Limbola na Molimo Mpona ba nzambe na "Ekeko"

Lisusu mpona kososola liloba "nzambe na ekeko' na lolenge

na mosuni, tosengeli mpe kososola yango na lolenge na molimo. Limbola na molimo mpona kogumbamela ekeko ezali eloko nioso oyo moto alingi koleka Nzambe." Kongumbamela bikeko ezali te kaka kosuka na kofukama liboso na elilingi na Buda to mpe kongumbamela bakoko bakufa.

Soki mpona ba posa na biso moko na moyimi tokolingaka baboti, mobali, mwasi, to mpe ata bana na biso koleka Nzambe, na lolenge na molimo, tozali kobongola balingami wana na banzambe na "bikeko." Mpe soki tokokanisaka likolo mingi mpona biso moko mpe tomilingi biso mpenza, tozali mpe komibongola na nzambe na ekeko.

Ata soki baboti na biso babotaka ba nzoto na bison a mosuni, mpo ete Nzambe Nzambe Akelaka nkona na tata mpe oyo na mama, to mpe ba nkona na bomoi, Nzambe Azali Tata na milimo na biso. Toloba ete baboti misusu bapagano baboyi ete mwana na bango akenda na lingomba mikolo na eyenga. Soki mwana wana, oyo azali Mokristu akondima koboya kokende ndako na nzambe mpona kosepelisa baboti na ye, wana nde mwana yango akolinga baboti koleka Nzambe. Oyo ekopesa mawa kaka na motema na nzambe te, kasi etalisi mpe ete mwana yango allingaka baboti na ye te.

Soki solo bokolingaka moto, bokolinga moto yango abikisama mpe azwa bomoi na seko. Oyo nde bolingo na solo. Nde yambo mpe likolo na nioso, bosengeli kobatela mokolo na Nkolo Bulee, nde sima bosengeli kobondela mpona baboti na bino mpe bokabola Sango Malamu epai na bango noki noki. Kaka wana nde bokoka koloba ete bokolingaka mpe bokokumisaka bango.

Mpe bongo na bongo. Lokola moboti soki solo okolingaka bana nay o, osengeli naino kolinga Nzambe, nde sima olinga bana na yon a bolingo na Nzambe. Bongo ata motuya nini bana nay o bakozala na miso nay o, okoki te kobatela bango na moyini zabolo mpe Satana na nguya nay o na moto oyo esuka. Okoki mpe te kobatela bango na likama na nzela na mpwasa, soko mpe te na bokono eyebana te na mayele na minganga na lelo.

Kasi na tango baboti bakotielaka Nzambe motema mpe bakotika bana na bango na maboko na Nzambe mpe bakolinga bango kati na bolingo na Nzambe. Ye Akopesa bango kaka makasi na molimo mpe na mosuni te, kasi Akopambola bango mpo ete bakoka kokoma na bofuluki kati na makambo nioso na bomoi na bango.

Yango mpe lolenge moko kati na bolingo na mibali mpe basin a bango. Babalani eye bayebi bolingo na Nzambe te bakolinganaka kaka na bolingo na mosuni. Bakoluka bolamu na bango moko ngonga na ngonga nde boye bakoswanaka. Mpe na koleka na tango, bolingo na bango mpona mosusu ekoki mpe kombongwana.

Kasi, na tango babalani bakolinganaka kati na bolingo Nzambe, bakokoka kolingana na bolingo na molimo mpe lokola.

Na likambo oyo, babalani bakozwelanaka kanda te to mpe koluka kobundis mosusu, mpe bakoluka te kosepelisa bolamu na bango kati na moyimi. Kasi kutu, bakokaboola bolingo eye ekombongwanaka te, na solo, mpe kitoko.

Kolinga Eloko moko to mpe Moto Koleka Nzambe

Kaka na tango tozwami kati na bolingo na Nzambe mpe tolingi liboso Nzambe Tata, wana nde tokoka kolinga basusu kati na bolingo na solo. Yango tina Nzambe Alobeli biso ete, "Okolinga Yawe Nzambe na yo liboso," mpe 'Okozala na banzambe mosusu liboso na Ngai te." Kasi sima na koyoka boye, soki bokolobaka ete, "Nakendaki ndako na Nzambe mpe bango bayebisi ngai ete nalinga kaka Nzambe mpe nalinga bandeko na libota na ngai te," wana nde bokomikosaka mpenza na limbola na mibeko na molimo.

Soki lokola mondimi bokobukaka mobeko na Nzambe mpe bokomisangisaka na mokili mpona kozwa nkita na biloko, koyebana, mayebi, to nguya, nde bokokende mosika na kotambola kati na solo, bozali komisalela bikeko, na lolenge na molimo.

Ezali mpe na bato oyo babatelaka mokolo na Nkolo bulee

te to mpe bakozanga kopesa moko na zomi na bango mpo ete balingaka nkita koleka Nzambe, ata ete Nzambe Alakaki bango ete Akopambola ba oyo bazali kopesa moko na zomi na bango.

Na momesano, bilenge bamesana kobamba bilili na balanga nzembo eye bakolingaka mingi, ba acteur, baton a masano, to mpe babeti lindanda kati na ba ndako na bango na kolala, to mpe bakomisalela ba buku mitondisama na bilongi na bango, to mpe ata komema bilili na bango kati na bakazaka to mpe ba poche mpona kobatela bato oyo pembeni na bango mpenza. Ezalaka na ba tango wapi bilenge oyo balingaka bato oyo koleka Nzambe.

Ya solo bokoki kolinga mpe kotosa ba acteur mibali to basi, baton a masano, mpe bongo na bongo, ba oyo bazali malamu mingii na nini bakosalaka. Kasi soki bokolingaka mpe bokobatelaka biliko oyo na mokili kino esika wapi bokomi kokende mosika na Nzambe, Nzambe Akosepela te. Lisusu, bilenge bana oyo bakosopasa mitema na bango mibimba kati na ba jouet misusu to mpe na masano na video bakoki mpe kosuka na kokomisa yango ba nzambe na "bikeko."

Zua na Nzambe Kati na Bolingo

Sima na kopesa na biso mobeko makasi mpona koboya kongumbamela bikeko, Nzambe Alobeli biso mpona mapamboli na ba oyo bakotosaka Ye, mpe etumbu na ba oyo bakotosaka Ye te. "Okongumbamela yanngo te to kosalela yango te, mpo ete Ngai YAWE Nzambe nay o Nazali Nzambe na zua na kobatela, mpe Nakokitisa mabe na batata likolo na bana kino libota na misato mpe na minei na baoyo bakoyinaka Ngai. Nde Nakomonisa boboto na bato nkoto na nkoto baoyo bakolingaka Ngai mpe bakotosaka mibeko na Ngai." (Esode 20:5-6).

Na tango Nzambe Alobi ete Azali "Nzambe na zua" kati na eteni mitano, Alingi te koloba ete Azali na zua na lolenge moko na bato bakozuaka zua. Mpo ete na solo, zua ezali eteni na bizaleli na Nzambe te. Nzambe Azali kosalela liloba zua awa mpona kokomisa yango pete mpona biso tososola kati na emotion na biso moko na bato. Zua oyo bato bakoyokaka ezali zua na mosuni, na mbindo, na petwa te, mpe ekosalaka mabe na bato oyo basaleli yango.

Ndakisa, soki bolingo na mobali mpo na mwasi na ye ekombongwana mpona mwasi mosusu mpe mwasi na ye abandi koyoka zua mpona mwasi wana mosusu, mbongwana na pwasa eye ebandi komonana kati na mwasi ekozala eloko na kobangisa. Mwasi akotondisama na nkanda mpe na koyina. Akoswana na mobali na ye mpe akolobela bizaleli na ye mabe epai na bato nioso oyo bayebani na ye mpe ye akoki kokoma eloko na nsoni. Tango na tango, mwasi akoki kokende epai na mwasi yango mosusu mpe abundisa ye, to mpe kokende kofunda mobali na ye na l'eta. Soki boye, esika wapi mwasi akolikia ete likambo mabe ekomela mobali na ye mpona zua, zua na ye ekozala zua kati na bolingo te, kasi zua ewuti na koyina.

Soki solo mwasi alingaka mobali na ye kati na bolingo na molimo, esika na ye koyoka zua na mosuni, akotala liboso kati na ye moko mpe amituna ete, "Ezali ngai solo kotelema malamu kati na Nzambe? Ngai mpenza nalingaka mpe nasalelaka mobali na ngai?" Mpe esika na koyokisa mobali na ye nsoni na kolobelaka na miso na bato mabe na ye, alingaki kotuna Nzmabe mpona bwanya na koyeba lolenge nini na kozongisa ye kati na boyengebene.

Bongo zua na lolenge nini Nzambe Ayokaka? Na tango tozali kongumbamela Nzambe te mpe tokobikaka kati na solo te, Nzambe Akobalolela biso elongi, yango ezali na tango tokokutanaka na mimekano, minyokoli, mpe ba malali. Soki yango esalemi, na koyebaka ete bokono ewutaka na masumu (Yoane 5:14), bandimi bakotubela mpe bakomeka koluka lisusu Nzambe.

Lokola pateur, nakutanaka na bandimi na lingomba ba oyo bakutanaka na makambo oyo tango na tango. Ndakisa, mondimi moko akoki kozala malamu na kosala bombongo oyo mpe boombongo na ye ezali mpenza kokende liboso. Na komilongisaka ete ye azali mpenza na tango te, akobungisa komipesa na ye mpe akotika kobondela mpe na kosala misala na Nzambe. Akokoma ata na esika wapi akobanda kozanga mayangani na eyenga.

Lokola lifuti, Nzambe Akobalolela ye elongi na bombongo na ye mpe bombongo oyo ezalaka kotambola malamu ekokota kokoso. Kkaa wana nde ye akososola mbeba na ye na kozanga kolinga kolandana na mibeko na Nzambe, mpe atubela. Nzambe Akolinga kutu molingami mwana na ye akutana na likambo makasi mpona tango moke mpe aya na kososola mokano na Ye, abikisama, mpe atambola kati na nzela esengeli, esika na ye kokweya mpona libela.

Soki Nzambe Ayokaka zua oyo te eye ewuti kati na bolingo, mpe esika kaka, na kotala pamba masengenia na biso, kka tte ete biso mpe tokozanga kososola ba mbeba na biso, kasi mitema na biso mikokoma malamu te, na komemaka bison a kosumukaka tango nioso mpe sukasuka tokweya na nzela na kufa na libela. Bongo zua oyo Nzambe Ayokaka ezali oyo ewuti kati na bolingo na solo. Ezali limbola na bolingo na Ye monene mpe mposa na koyeisa biso siika mpe komema bison a bomoi na seko.

Mapamboli mpe Bilakeli Mabe iye Ewutaka na Botosi mpe na Bozangi Kotosa Mobeko na Mibale

Nzambe Azali Mokeli na Biso mpe Tata na Biso oyo Akabaki Mbeka Mwana na Ye se moko na Likinda mpo ete bato nioso bakoka kobikisama. Azali mpe Mokonzi likolo na bomoi na bato nioso mpe Alingaka kopambola ba oyo bazali kosanjola Ye. Mpe kosanjola mpe kongumbamela Nzambe oyo te, kasi ba nzambe na lokuta, ezali koyina Ye. Mpe bato oyo bayinaka Nzambe bakozwaka etumbu na Ye, lolenge ekomama ete bana bakozwa etumbu mpona masumu na batata na bango na libota na misato mpe na minei (Esode 20:5).

Lolenge tokotalaka pembeni na biso, tokoki na bopete komona ete mabota oyo bangumbamelaka bikeko longwa na bikeke bakobaka kozwa lifuti na bango. Baton a mabota yango bakoki na kokutana na malali na nsomo to mpe ezanga lobiko, bokakatani, kozala kizengi, bokangami na milimo mabe, komiboma, mikakatano na misolo, to mpe minyoko na lolenge na lolenge. Mpe soki makama maye makokobaka kino na libota na minei, bongo nde libota uyango ekobebisama mpenza mpe ekobongaka lisusu te.

Kasi mpo nini bino bokanisi ete Nzambe Allobaki ete Akopesa etumbu na mabota mibato kino na minei esika kaka na koloba "libota na minei?" Oyo ezali kotalisa mawa na Nzambe. Azali kotika esika mpona ba oyo na bakitani oyo bakotubela mpe bakoluka Nzambe, ata soki bakoko na bango bakokaki kongumbamela banzambe na lokuta mpe bazalaki kotelemela Nzambe. Bato yango bapesi na Nzambe tina na kopekisa etumbu kati na libota wana.

Kasi mpona ba oyo bakoko na bango bazalaki kotelemela Nzambe makasi mpe bazalaki bangumbameli minene na bikeko, kotongaka mabe, bakokutana na minyoko na tango bakomeka kondimela Nkolo. Ata soki bandimeli, ezali lokola bakangama na bakoko na bango na singa na molimo, nde kino tango bango bakozwa elonga na molimo, bakokutana na minyoko mingi kati na bomoi na bango na molimo. Moyini zabolo mpe Satana bakokota na ba lolenge ekoki mpona kopekisa bango ete bazala na kondima, mpona komema bango kati na molili na libela elongo na bango.

Kasi, soki bakitani, na tango bazali koluka mawa na Nzambe, batubeli na moitema na komikitisa mpona masumu na bakoko na bango mpe bakomekaka kolongola motema na mosumuki kati na bango, bongo na tembe moko te, Nzambe Akobatela bango. Kasi na loboko mosusu, na tango bato bakolingaka Nzambe mpe bakobatelaka mibeko na Ye, Nzambe Akopambola mabota nanbango kino libota na 1.000, na kopesaka bango ngolu na Ye mpona libela. Soki tokotala na lolenge nini Nzambe Alobi ete Akopesa etumbu libota na misato kino na minei, kasi akopambola kino libota na 1,000, tokoki solo komona bolingo na Nzambe mpona tina na biso.

Sasaipi yango elakisi te ete na mbala moko bokozwa mapamboli ebele kka mpo ete bakoko bazalaki basali minene na Nzambe. Ndakisa, Nzambe Abengaka Dawidi "moto na motema na Lolenge na Ngai," mpe Nzambe Alakaka ete Akopambola bakitani na ye (1 Mikonzi 6:12). Kasi, toyekoli ete kati na bana na Dawidi, ba oyo bakendaki mosika na Nzambe bazwaka mapamboli elakama te.

Na tango bokotalaka kati nan tango na mikonzi na Yisalele, bokoki komona ete bakonzi oyo bazalaki kongumbamela mpe kosalela Nzambe bazwaka mapamboli oyo Nzambe Alakaka na Dawidi. Na nse na bokambi na bango, ekolo na bango elongaki mpe efulukaki kino na esika wapi bazalani na bango bazalaki kofuta mpako epai na bango. Kasi bakonzi oyo babalolelaki Nzambe mikongo na bango mpe basumukaki bakutanaki na minyoko mingi kati na bomoi na bango.

Kaka tango moto alingi Nzambe mpe ameki kobika kati na solo na kozanga komikomisa mbindo na bikeko nde akoka kozwa mapamboli nioso eye bakoko bakokaki kotongela ye.

Bongo na tango tolongoli bikeko nioso na mosuni mpe oyo na molimo oyo eyinama mpenza na miso na Nzambe, kati na bomoi na biso mpe totie Ye liboso, biso mpe tokoki kozwa ebele na mapamboli oyo Nzambe Alaka na basali ba Ye na sembo nioso mpe mabota na bango na sima.

Chapitre 4
Mobeko na Misato

"Okotanga Nkombo na YAWE
Nzambe na yo mpamba Te"

Esode 20:7

"Okotanga nkombo na YAWE Nzambe nay o mpamba te, mpo ete YAWE Akolongisa te oyo atanngi nkombo na Ye mpamba."

Ezali pete mpona komona ete Bayisalele solo babombaki maloba na Nzambe, na lolenge bakoma Biblia to mpe bakotangaka yango. Liboso na imprimerie ebanda, bato basengelaki kokoma Biblia na maboko. Mpe na tango nioso nkombo "Jehovah" esengelaki kokomama, mokomi akosukola nzoto na ye mbala mingi mpe akochanger ata ekomeli azalaki kokomela, mpo ete nkombo ezalaki mpenza bulee. Mpe tango nioso mokomi asalaki mbeba, asengelaki kokata eteni wana, mpe atia makomi na sika likolo na yango. Kasi soki "Jehovah" asallemi eyte ekomama mabe akobandela makambo nioso longwa na ebandeli.

Lisusu na tango moko, wana Bayisalele bazalaki kotanga Biblia, bazalaki kotanga nkombo "Jehova" na mongongo makasi te. Kasi bazalaki kotanga yango lokola "Adonai," elakisi "Nkolo na ngai," mpo ete bamonaki nkombo na Nzambe bulee mpenza mpona kotangama.

Mpo ete nkombo "YAWE" ezali nkombo na Nzambe, bandimaki ete ezalaki mpe ezalaki representation na nkembo mpe bokonzi na Nzambe. Epai na bango, nkombo etalisaki Ye oyo Aleki na Nguya Nioso Mokeli.

"Okotanga Nkombo na YAWE Nzambe na Yo Mpamba Te"

Bato misusu bakanisaka at ate ete ezalaka na mobeko na

lolenge oyo kati na Mibeko Zomi. Ata kati na bandimi, ezali na bato oyo bakobatelaka nkombo na Nzambe na motuya te, mpe bakosukaka na kotanga nkombo na Ye pamba.

Kotanga "pamba" elakisi kosalela eloko moko na lolenge mabe to mpe na lolenge esengela te. Mpe kotanga nkombo na Nzambe pamba ezali kotanga nkombo bulee na Nzambe na lolenge na esengeli te, kozanga bulee, to mpe na lolenge na solo te.

Ndakisa, soki moto alobeli likanisi na ye moko mpe azali koloba ete yango Liloba na Nzambe, to mpe akosalaka lolenge elingeli ye, mpe akolobaka ete azali kosala kolandana na mokano na Nzambe, azali kotanga mpamba nkombo na Ye. Kosalela nkombo na Nzambe mpona kokata ndai na lokuta, kosala maseki na nkombo na Nzambe, bongo na bongo, mizali nioso ba ndakisa na kotanga nkombo na Nzambe mpamba.

Lolenge mosusu na kotanga nkombo na Nzambe mpamba ezali tango ba oyo, bakolukaka ata Ye te, bakutani na likama mpe na nkanda na motema bakolobaka ete, "Nzambe Alandelaka ata biso te" to, soki solo Nzambe Azalaka na bomoi, lolenge nini Akoki kotika oyo esalema?!"

Lolenge nini Nzambe Akoka kobenga biso bato bazanga masumu soki biso bikelamo, tokotangaka pamba nkombo na Mokeli na biso moko, Mokeli oyo Asengeli na nkembo nioso mpe lokumu? Yango tina tosengeli kokumisa Nzambe mpe tomeka kobika kati na solo na komitalaka tango nioso kati na kuku mpona koyeba solo ete tozali kolakisa bizaleli mabe to mpe na bozangi botosi liboso na Nzambe te.

Bongo mpona nini Azali kobenga kotanga nkombo na Nzambe pamba lisumu?

Yambo, Kotanga Nkombo na Nzambe Pamba Ezali Elembo Ete Tondimela Ye Te.

Ata kati na bato na philosophie ba oyo bakoloba ete bayekolaka ntina na bomoi mpe bozali na univer, ezali na ba oyo bakolobaka ete, "Nzambe Akufa," Mpe ata bato misusu lolenge na bato nioso balobaka ete, "Nzambe Azali te."

Mbala moko, astraunote Molusia alobaka ete, "Ngai nakendaki na likolo, mpe Nzambe Azalaki esika moko te mpo ete namona Ye." Kasi lokola moastaunote, asengelaki koyeba malamu koleka moto nioso ete esika wapi ye akendaki kotala ezalaki kaka eteni moke mpenza mingi kati na univer monene.

Boni bolema ezali mpona moastaunote koloba ete Nzambe, Mokeli na univer mobimba, Azalaka te kaka mpo ete akokaki komona Nzambe ten a miso ma ye kati na esika moko moke mpenza kati na likolo eye ye akendaka kotala!

Nzembo 53:1 etangi ete, "Elema alobi na motema na ye ete Nzambe Azali te. Bamibebisi, bazali kosala mabe mingi, moko azali te oyo akosalaka malamu." Moto oyo amoni likolo kati na motema na komikitisa akoki komona ebele na kotanga te na bilembo eye etalisi Nzambe Mokeli (Baloma 1:20).

Nzambe Apesa na moto nioso libaku malamu na kondimela

56 · MOBEKO NA NZAMBE

Ye. Liboso na Yesu Christu, kati na tango na Kondimana na Kala, Nzambe Asimbaka motema na bato malamu, mpo été bakoka koyoka Nzambe na bomoi. Sima na Yesu Christu, sasaipi na ekeke na Kondimana na Sika, Nzambe Akobi kobeta na ekuke na mitema na bato na ba lolenge mingi mpo été bato baya na koyeba Ye.

Yango tina bato malamu bafungolaka mitema na bango mpe bandimelaka Yesu Christu mpe bakobikisama, na kotalaka te lolenge nini bayokaki Sango Malamu.

Nzambe Andimelaki na ba oyo balukaka Ye mpenza bayoka bozali na Ye kati na mitema na bango katikati na mabondeli, na mimoniseli, to mpe bandoto na molimo.

Mbala moko nayokaka litatoli na moko na bandeko na lingomba, nde nakokaki kaka kokamwa. Butu moko, mama na mondimi oyo mwasi, oyo akufaka na cancer na estoma, ayaki epai na ye kati na ndoto, na kolobaka ete, "Soki Nakutanaka na Dr. Jaerock Lee, Pasteur Mokolo na Egelesia Centrale Manmin, Nalingaka kobika..." Mwasi oyo azalaka na boyebi na Lingomba Manmin Centrale, kasi na nzela na ndoto oyo, libota na ye mobimba basukaka na komikomisa kati na lingomba mpe mwana na ye se moko mobali abikisamaka na maladi na ndete.

Ezali naino na bato oyo baboyaka bozali na Nzambe, ata soki Ye Azali kolakisa na biso bozali na Ye na ba nzela mingi. Yango ezali mpo ete mitema na bango mizali mabe mpe na bolema. Soki bato oyo bakokobaka koyeisa mitema na bango mabanga mpona Nzambe, na kolobaka ppamba pamba mpona ntina na

Ye na kondimelaka ata Ye te, lolenge nini Akoki kobenga bango bazangi masumu ? Nzambe, oyo Atangaka ata suki nioso na mitu na biso, azali kotala misala nioso na miso ma Ye na kongala. Soki bato bandimaka likambo oyo, na nzela moko te balingaka ata komeka kotanga nkombo na Nzambe pamba. Basusu bakoki komonana lokola bandimela, kasi mpo été bandimela na kati na mitema na bango te, bakoki kotanga nkombo na Ye pamba. Mpe yango ekokoma lisumu liboso na Nzambe.

Na Mibale, Kotanga Nkomboo na Nzambe Pamba Ezali Kotiola Nzambe.

Soki tokotala Nzambe pamba, bongo elakisi ete tozali kotosa Ye te. Soki tomeki kozanga botosi na Nzambe, Mokeli, tokoki te koloba ete tozali na lisumu te.

Nzembo 96:4 elobi ete, "Pamba te YAWE Azali monene mpe Abongi na kokumisama; Ye Azali kotosama libooso na banzambe nioso." Kati na 1 Timote 6:16, elobi ete, "Bobele Ye wana Azali kozanga kufa mpe Azali kofanda na pole oyo moto ayebi kobelema na yango te. Moto te amoni Ye, moto te mpe akoka komona Ye. Na Ye lokumu mpe nguya libela. Amen."

Esode 33:20 etangi ete, "Ye Alobaki mpe ete, 'Okoki kotala elongi na Ngai te, mpo ete moto akotala Ngai mpe abika te!'" Nzambe Azali Mokeli oyo monene mpenza mpe na Nguya Nioso ete biso, ekelamo, tokoki te bongo kaka kotala Ye lolenge elingeli biso.

Yanngo tin aba ba tango eleki kala, baton a mitema malamu, ata soki bayebaki Nzambe te, bazalaki kotala likolo na malonba na botosi. Ndakisa, kati na Coree, bato bakosalela nkombo na kokumisa, na tango bazalai kolobela mpona likolo to mpe ba tango, mpona kotalisa botosi na Mokeli. Bayebaki solo YAWE Nzambe te, kasi bayebaki ete Mokeli na Nguya Nioso na univer mobimba azalaki kotindela bango biloko oyo balingaki, lokola mbula, na likolo. Bongo balingaki kotalisa na Ye botosi na bango kati na maloba na bango.

Mingi na bato basalelaka maloba na botosi mpe bango batangaka ba nkombo na baboti na bango pamba te to mpe na bato oyo bango bakotosaka solo kati na mitema na bango. Bongo, soki tozali kolobela Nzambe Mokeli na mikili nioso mpe Mopesi na bomoi tosengeli solo te kolobela Ye na bizaleli na kobulisama na likolo mpe maloba na botosi eleka?

Kasi na mawa mingi lelo, ezali na bato oyo bamibengaka bandimi mpe bazali ata kotalisa botosi epai na Nzambe te, na kopesaka lokumu na nkombo na Ye te. Ndakisa, bakosakanaka na kosalelaka nkombo na Nzambe to mpe kolobaka makomi kati na Biblia na lolenge na pamba. Mpo ete Biblia elobi ete, "Liloba Ezalaki Nzambe," (Yoane 1:1) Soki tokotosaka te maloba kati na Biblia, ezali kaka lokola kozanga kotosa Nzambe.

Lolenge mosusu na kozanga kotosa Nzambe ezali kobuka

lokuta na nkombo na Ye. Ndakisa na oyo ekozala soki motoo akolobaka mpona eloko oyo abongisa ye moko kati na bongo na ye mpe akolobaka ete, "Yango ezali mongongo na Nzambe," to "Oyo ezali kotambwisama na Molimo Mosantu." Soki tokokanisaka na kosalela nkombo na moto mokolo na lolenge mabe to mpe na kozanga botosi, bongo lolengge kani tokoki komikanisela na kosalelaka nkombo na Nzambe pamba?

Nzambe na Nguya Nioso Ayebi motema mpe makanisi na bikelamo nioso na bomoi lokola makata na maboko na Ye. Mpe Ayebi soko misala n bango etindimaki na mabe to na malamu. Na miso lokola moto, Nzambe Atalaka bomoi na moto moko na moko, mpe Ye Akosambisa moto moko na moko kolandana na misala ma ye. Soki solo moto andimela oyo, akotanga solo nkombo na Nzambe na pamba te to kozala na bokebi moko te mpona Ye.

Eloko moko esengeli na biso kokanga ezali ete bato oyo bakolingaka solo Nzambe basengeli kaka na kokeba na tango bakotangaka kombo na Nzambe te, kasi mpe na tango nioso bango bazali kosalela ndako na Nzambe mpe biloko kati na yango na bokebi mingi koleka ata biloko na bango moko. Mpe bazali na kokeba mingi mpenza na tango ekomaka mpona misolo na lingomba, ata misolo yango ezali moke na lolenge nini.

Soki na bozangi koyeba bobuki kopo, to mpetalatala, to mpe fenettre na lingomba, bino bokosala lokola likambo yango esalemaki te to mpe bobosana mpona yango? Ata ezali likambo moke nini, biloko oyo mibonzama mpona Nzambe mpe mosala na Ye misengeli soko moke te kobwakisama to mpe kosalelama mabe.

Tosengeli mpe kokeba ete tosambisa to mpe tokitisa moto na Nzambe te soko te to mpe milulu mitambwisami na Molimo Mosantu, mpo été mitali mpenza Nzambe.

Ata soki Saulo asalaki mabe mingi epai na Dawidi mpe azalaki monyokoli mingi mpona ye, Dawidi aboyaka koboma Saulo kino suka, kaka mpo ete Saulo azalaka mokonzi mopakolami na Nzambe (1 Samuele 26:23). Na boye, moto oyo alingaka mpe akotosaka Nzambe akokeba mingi mpenza na tango azali kosala na makambo nioso oyo etali Nzambe.

Na Misato, Kotanga Nkombo na Nzambe Pamba Ezali Kobuka Lokuta na kombo na Ye.

Soki bokotala kati na Kondimana na Kala basakoli misusu na lokuta bakota na lisituale na Yisalele. Basakoli wana na lokta bakotisa bato kati na mobulu na kopesaka bango ba sanngo oyo balobaka ette ewuti na Nzambe kasi solo ezalakii bongo te.

Kati na Dutelonome 18:20, Nzambe Azali kokebisa makasi mingi epai na baton a lolenge oyo. Alobaki ete, "Kasi mosakoli oyoo na ngambo koloba Liloba na nkombo na Ngai, oyo Ngai Nalakeli ye na koloba te, to oyo alobi na nkombo na banzambe mosusu, mosakoli yango akokufa." Soki bato bakokosa na nkombo na Nzambe, etumbu mpona misala na bango ezali kufa.

Emoniseli 21:8 elobi ete, "Nde mpona ba goigoi, na baton a

tembe, na bato babebi na bosoto, na babomi na bato, na baton a pite, na baton a soloka, na basambeli na bikeko, na baton a lokuta nioso, likabo na bango ekozala kati na libeke likopelaka na moto na sufulu, oyo ezali kufa na mibale."

Soki ezali na kufa na mibele, elingi koloba ete kufa na liboso ezali. Yango etalisi bato kokufaka kati na mokili oyo na kozanga kondimela Nzambe. Baton a lolenge oyo bakokende kati na Ewelo na Nse, esika wapi bango bakozwa pasi makasi mpona masuumu na bango. Na loboko mosusu, ba oyo babikisami bakozala lokola mikonzi mpona ba mbula nkoto moko kati na Bokonzi na Nkoto Moko na bambula kati na mokili oyo sima na koyamba Nkolo Yesu Christu na mopepe na Kozonga na Ye.

Sima na Bokonzi na ba mbula Nkoto Moko, ekozala na esambiseli na Ngende Pembe Monene esika wapi bato nioso bakosambisama mpe bakozwaka lifuti na bango na molimo to mpe bitumbu, kolandana na misala na bango. Na tango oyo milimo oyo mibikisamaki te mikosekwaka mpe mpona kotelema na esambiseli, mpe moko na moko, kolandana na bozito na masumu na bango, bakokota soko na libeke na moto to mpe na sufulu kopela. Yango oyo eyebana lokola kufa na mibale.

Biblia elobi ete bakosi nioso bakokutana na kufa na mibale.

Awa, bakosi etalisi moto nioso oyo azali kobuka lokuta na kosalelaka nkombo na Nzambe. Yango awa esuki kaka na basakoli na lokuta te; kasi mpe mpona bato oyo bazali kokata ndai na nkombo na Nzambe mpe sima babuki yango, mpo ete

yango mpe ezali kokosa na kosalela nkombo na Nzambe mpe oyo ezali kotanga nkombo na Ye mabe. Kati na Lewitiko 19:12, Nzambe Alobi ete, "Bokosimba ndai na lokuta na nkombo na ngai te, mpe kobebisa nkombo na Nzambe na bino bongo. Ngai Nazali YAWE.'"
Kasi ezali na bandimi ba oyo na tango misusu bakokosaka kosalelaka nkombo na Nzambe. Ndakisa bakoki koloba ete na tango nazalaki kobondela nayokaki mongongo na Molimo Mosantu. Nandimi ete ezali mosala na Nzambe," ata soki Nzambe Azalaki na eloko moko ten a kosala na yango. To, bakoki komona eloko moko kosalema mpe ata soki ezali mpona solo te, bakolobaka ete, "Nzambe Asalaki ete yango esalema." Ezali malamu soki solo ezali mosala na Nzambe, kasi yango ekokoma likambo soki ezalaki mosala na Molimo Mosantu te kasi bango bakokobaka na koloba ete yango ezali.

Ya solo lokola bana na Nzambe tosengeli tango nioso koyoka mongongo na Molimo Mosantu mpe tozwa kotambwisama na Ye. Kasi ezali motuya koyeba ete kaka lolenge ozali muana mobikisami na Nzambe, elingi te koloba ete okoki tango nioso koyoka mongongo na Molimo Mosantu. Kolandana na lolenge nini moto akoki komilongola ye mpenza na masumu mpe amitondisa na solo, akokoka koyoka mongongo na Molimo Mosantu na malamu koleka. Kasi soki moto azali kobika kati na solo te mpe akomisangisaka na mokili, akoka koyoka mongongo na Molimo mosantu malamu te.

Soki moto atondisama na lokuta mpe akomimatisaka mpe akobanda solo kobeta tangwa mpona bizaleli na ye na mosuni akomisa yango misalla na Moolimo mosantu, azali kaka kobuka lokuta liboso na bato misusu te, azali mpe kokosa liboso na Nzambe. Ata soki ayokai solo mongongo na Molimo mosantu, kino tango akoyoka mongongo na Molimo mosantu 100 pourcent, asengeli kosala makasi na komikitisa. Na boye tosengeli komipekisa na kobengaka na kokeba te eloko moko mosala na Molimo mosantu mpe tosengeli mpe koyoka makambo na lolenge oyo na bokebi mingi.

Makambo na lolenge moko matali ba ndoto, mimoniseli, mpe makambo misusu na molimo. Ba ndoto misusu mipesamaka na Nzambe, kasi bandoto misusu mikoki kosalema mpona mposa makasi na moto to mpe kotungisama na ye. Mpe ba ndoto misusu mikoki mpe kozala misala na Satana, nde moto asengeli mbbangu mbbangu te koloba ete, "Ndoto oyo epesamaki na Nzambe," mpo ete yango ekozala likambo lisengela te liboso na Nzambe.

Ezalaka na ba tango wapi bato bapamelaka Nzambe mpona mimekano to mpe ba pasi miye solo mikowutaka na Satana likolo na masumu na bango moko. Mpe azalaka na ba tango wapi bato bakolobaka na momesano nkombo na Nzambe na makambo na pamba. Na tango makambo matamboli malamu na lolenge na bango, bakolobaka ete, "Nzambe Apamboli ngai." Bongo na tango minyokoli iye, bakolobaka ete, "O, Nzambe Akangi ekuke na likambo wana." Basusu bakoki kopesa litatoli na kondima, kasi ezali motuya koyeba ete ezali na bokeseni mingi kati na litatoli eye euti na motema na solo mpe litatoli euti na motema na komimatisa mpe na kobeta tolo.

Masese 3:6 elobi ete, "Na nzela nioso nay o, ndima Ye mpe Ye Akotambolisa yo." Kasi yango elakisi te ete kati na makambo nioso ekoma momesano na kosalela nkombo Bulee na Nzambe. Kutu, moto oyo azali kondima Nzambe kati na ba nzela na ye nioso akomeka kobika kati na solo na ba tango nioso nde bongo azala na bokebi eleka na kosalelaka nkombo na Nzambe. Mpe na tango akomi na bosenga na kosalela yango, akosala bongo na motema na sembo mpe na motema na kuku.

Na boye soki tolingi te kosumuka na kotangaka pamba nkombo na Nzambe, tosengeli kobunda mpona kokanga liloba na Ye moi mpe butu, kosenjela kati na mabondeli, mpe totondisama na Molimo mosantu. Kaka na tango tokosalaka boye nde tokokoka koyoka malamu mongongo na Molimo Mosantu mpe tosala kati na boyengebene, kolandana na kotambwisama na Ye.

Banga Ye na Tango nioso, Amonana Mokonzi

Nzambe Azali Mozindo mpe na Kolandela malamu mingi. Nde boye Liloba moko na moko Akosalelaka kati na Biblia ezali malamu mpe esengela. Soki bokotala na lolenge nini Akolobelaka bandimi, bokoki komona été Nzambe Asalelaka kaka maloba masengela mpona likambo songolo. Ndakisa, kobengaka moto "ndeko," mpekobenga moto 'Molingami na Ngai," ezali na kilo na kokesana mpe limbola na kokesana. Na tango misusu Nzambe Akolobelaka bato lokola 'Ba tata," to 'Bilenge," bongo na bongo, kosalelaka maloba masengela eye efandisa limbola esengela, kolandana na etape kati na kondima na moto (1 Bakolinti 1:10; 1 Yoane 2:12-13, 3:21-22).

Lolenge moko na nkombo na Nzambe Bulee Misato. Tomoni ba nkombo ndenge na ndenge mikosalelama na Nzambe Misato: "YAWE Nzambe, Jehova, Nzambe Tata, Masia, Nkolo Yesu, Yesu Christu, Mpate, Molimo na Nkolo, Molimo na Nzambe, Molimo Bulee, Molimo na kobulisama, Molimo Mosantu, Molimo (Genese 2:4: 1 Ntango 28:12; Nzembo 104:30; Yoane 1:41; Baloma 1:4).

Liboso na Ye kobakama na ekulusu, naino Akokisalka mosala na Ye lokola Mobikisi te, bongo Abengamaka "Yesu, " oyo elakisi "Ye oyo akobikisa baton a Ye na masumu na bango' (Matai 1:21). Kasi sima na Ye kosilisa mosala na Ye, Abengamaki "Christu," yango elakisi "Mobikisi."

Nzambe, Ye oyo Akoka, Alingeli mpe biso ete tozala malamu kati na maloba na biso mpe na misla na biso mpe lokola. Na boye tango nioso tokolobaka nkombo na Nzambe bulee, tosengeli kotalisa yango na malamu koleka. Yango tina Alobi na eteni na suka na 1 Samuele 2:30, "Mpo ete baoyo bakokumisa Ngai, Ngai Nakokumisa bango, mpe ba oyo bakotiola Ngai Nakotanga bango mpamba."

Bongo soki tokotalaka solo Nzambe na botosi monene longwa na kati na mitema na biso, tokotikalaka kosala mbeba ten a kotanga nkombo na Ye pamba, mpe tokobanga Ye na tango nioso. Bongo Nabondeli ete bokoka tango nioso kozala kati na kolamuka kati na mabondeli, mpe kosenjela kati na motema na bino, mpo ete bomoi bozali kobika epesa nkembo na Nzambe.

Chapitre 5
Mobeko na Minei

"Okanisa Mokolo na Sabata, Mpona Kobatela Yango Bulee"

Esode 20:8-11

"Kanisa mokolo na Sabata eteobulisa yango. Okosala mosala mikolo motoba, mpe okosilisa mosala nay o nioso, nde mokolo na nsambo ezali Sabata epai na YAWE Nzambe nay o. Na mokolo yango okosala mosala soko moko te, yo te mpe mwana mobali nay o te, mpe mwana mwasi nay o te, mpe moombo mobali nay o te, mpe moumbo mwasi nay o te, mpe bibwele nay o te, mpe mopaya na lopango nay o te, mpo ete na mikolo motoba YAWE Azalisaki likolo mpe mokili, mpe mai monene, mpe biloko nioso kati na yango, mpe Apemaki na mokolo na nsambo.;Yangoo wana YAWE Nzambe Apemaki mokolo na Sabata mpe Abulisaki yango."

Soki bondimeli Christu mpe okomi mwana na Nzambe, makambo na liboso bozali na bosenga na yango bozali na bosenga na kosala ezali kosanjola Nzambe Sabata nioso mpe kopesa moko na zomi mobimba. Lolenge kopesa moko na zomi na bino nioso mpe mabonza etalisi kondima na bino na bokonzi na Nzambe likolo na biloko na bino nioso na mosuni mpe na biloko na bino, mpe kobatela mokolo na Sabata bulee etalisi kondima na bino epai na bokonzi na Nzambe likolo na biloko na bino na molimo. (Botala Ejekiele 20:11-12).

Mpona Nini Mokolo na Eyenga Ekoma Mokolo na Sabata

Mokolo na bopemi eye ebonzelama na Nzambe ebengama mokolo na "Sabata." Yango ebanda na tango Nzambe, Mokeli, asalaka likolo mpe moto na mikolo motoba mpe sima na yango Apemaka na mokolo na sambo (Genese 2:1-3). Nzambe Apambolaka mokolo yango mpe abulisaki yango, kopemisa moto na mokolo oyo mpe lokola.

Kati na ekeke na Kondimana na Kala, mokolo na Sabata ezalaki solo Samedi. Mpe ata na lelo, Bayuda babatelaka Samedi lokola mokolo na Sabata. Kasi na lokola tokota na ekeke na Kondimana na Sika, Eyenga ekoma mokolo na Sabata mpe tobanda kobenga mokolo yango "Mokolo na Nkolo." Yoane 1:17 elobi ete, "Mpo ete Mibeko mipesami na maboko na Mose, nde ngolu mpe solo iyei mpo na Yesu Christu." Mpe Matai 12:8 elobi ete, "Mpo ete Mwana na Moto Azali nkolo na Sabata." Mpe yango solo oyo esalemaka.

Bongo mpo nini mokolo na Sabata embongwamaki na mokolo na Motoba na mokolo na Eyenga? Yango ezali mpo ete mokolo oyo bato nioso bakoki kozwa bopemi na solo na nzela na Yesu Christu ezali Eyenga.

Likolo na kozanga botosi na moto na liboso, Adamu, bato nioso bakomaki baumbo na masumu mpe bazalaka na Sabata na solosolo te. Bato bakokaki kaka kolia na motoki na elongi na bango mpe basengelaki na konyokwama mpe kokutana na ba mpinzoli mpe mawa, malali, mpe kufa. Yango tina Yesu Ayaka kati na mokili oyo na lolenge na nzorto na moto mpe Abakamaka na ekulusu, mpona kofuta masumu na bato nioso. Akufaka mpe Asekwaka na mokolo na misato, na kolongaka kufa mpe na kokomaka mbuma na liboso na lisekwa.

Bongo Yesu Asilisaka likambo na masumu mpe Apesaka Sabata na solo epai na bato nioso, na ntongontongo na Eyenga, mokolo na liboso sima na mokolo na Sabata. Mpona tina oyo, na ekeke na Kondimana na Sika, Eyenga- mokolo Yesu Akokisaka nzela na lobiko mpona bato nioso ekomaka mokolo na Sabata.

Yesu Christu, Mokonzi na Sabata

Bayekoli na Nkolo mpe baponaka Eyenga lokola mokolo na

Sabata, na kososolaka ntina na molimo na mokolo na Sabata. Misala 20:7 etangoi ete, "Na mokolo na eyenga toyangani mpona kobuka lipa," mpe kati na 1 Bakolinti 16:2 etangi ete, "Na mokolo na Eyenga moko na moko kati na bino akaba mpe abatela eloko ye moko kati na yango esili ye kozua, mpe soko nakoya makabo malukama te."

Nzambe Ayebaka mbongwana oyo na mokolo na Sabata ete yango ekosalemaka, bongo Alobelaki yango kati na Kondimana na Kala na tango Ye alobaki na Mose ete, "Lobela baton a Yisalele ete,'Wana ekokoma bino na mokili mokopesa Ngai bino, mpe ekobuka bino mbuma, bokoya na liboke na mbuma na liboso na kobuka na bino epai na Nganga Nzambe. Ye mpe akoninganisa liboke yango liboso na YAWE ete bozua koyambama. Nganga Nzambe akoningisa yango na mokolo nsima na Sabata. Na mokolo yango akoninganisa bino liboke, bokokaba mwana mobali na mpate na mbula moko na libebi te lokola mbeka na kotumba epai na YAWE'". (Lewitiko 23:10-12).

Nzambe Azalaki kolobela Bayisalele ete na tango bakkokota na mokili na Kkanana, bakopesa mbbeka kobuka na ba mbuma na bango na mokolo sima na mokolo na Sabata. Mbuma na liboso na kobuka elakisi Nkolo Ye oyo Akoma nkona na liboso na lisekwa. Mpe mpate na mbula moko oyo azanga mbeba etalisi mpe Yesu Christu, Mpate na Nzambe.

Makomi eye mitalisi ete na Eyenga, mokolo sima na Sabata, Yesu, oyo Akomaka libonza na kimia mpe mbuma na liboso na lisekwa, Akoopesa lisekwa mpe Sabata na solo na ba oyo nioso bandimeli Ye.

Mpona yango, Eyenga, mokolo oyo Yesu Christu Asekwaka, ekomaka mokolo na esengo na solo mpe na kopesa matondi; mokolo wapi bomoi na sika ebotamaka mpe nzela na bomoi na seko efungwamaka; mpe mokolo oyo Sabata na solo ekokaki sik'awa kozwa esika.

"Okanisa Mokolo na Sabata, Mpona Kobatela Yango Bulee"

Bongo, mpo ninii Nzambe Abulisaka mokolo na Sabata mpe Alobbela bato ete babatela yango bulee?

Yango ezali mpo ete ata soki totoki kobika kati na mokili na mosuni, Nzambe Alingaki biso ete tokanisa makambo na mokili na molimo mpe lokola. Alingaki na malamu ete elikia na biso ezala kaka na biliko na mokili oyo mikobebaka te. Alingaki ete biso tobanzakka Mokonzi mpe Mkeli na Univer mpe tozala na elikia kati na Sabata na solo mpe na libela na Bokonzi na Ye.

Esode chapitre 20 eteni 9-10 elobi ete, "Okosala mosala mikolo motoba, mpe okosilisa mosala na yo nioso, nde mokolo na sambo ezali Sabata epai na YAWE Nzambe na yo. Na mokolo yango okosala mosala soko moke te, yo te, mpe mwana mobali na yo te, mpe mwanna mwasi na yo te, mpe moombo mobali nay o te, mpe moombo mwasi nay o tte, mpe bibwele nay o te, mpe mopaya na lopanngo nay o te." Yanngo elakisi ete mooto moko te asengeli kosala na mokolo na Sabata. Yango etali yo, basali na yo, bibwele na yo, to mpe mopaya nioso kati na ndako na yo.

Yango tina Bayuda na Bokoko makasi balambaka bilei te, basalelaka biloko na bozikoo makasii te, to mpe bakobembukaka na mosika te o mokolo na Sabata. Ezali mpo ete mmakambo mana nioso emonani lokola misala mppe mizali na kondimama ten a mibeko na mokolo na Sabata. Kasi, makambo mana masalema na bato mpe mipessama epai na bakolo mpe na mabota na siim; na bonngo mazalii mibbeko na Nzambe te.

Na tango Bayuda bazalaka koluka ntina na kofunda Yesu, bamonaka moto na loboko na kokauka bongo bango batunaki Yesu ete, "Bongo mobeko esenge ete moto abikisama na mokolo na eyenga?" Bamonaki ata lobiko na moto na mokolo na Sabata lokola kosala mosala nde bongo ezalaki kobuka mobeko.

Mpona ooyo, Yesu Alobaki na bango ete, "Nde Ye Alobaki na bango ete,'Moto nani katii na bino oyoo azali na mpate, soko akokweya kati na libulu na mokolo na Sabata, akosimaba yango mpe akolubola yango te? Moto aleki mpate na motuya boni! Ekoki nde kosala malamu na mokolo na Sabata" (Matai 12:11-12).

Kobatela mokolo na Sabata eye Nzambe Azali kolobela ezali kaka komitia mosika na mosala na lolenge moko te. Na tango bapagano bakopemaka na misala na bango mpe bafandaka na ndako. To mpe bakobimaka kosepelisaka nzoto, yango ezali kopema na mosuni sima na mosala. Yango endimama lokola "Sabata" te, mpo mpo ete yango epesaka na biso bomoi na solo te. Tosengeli naino kososola limbola na molimo na « Sabata, » mpona biso kobatela yango bulee mpe na kopambolama, lolenge Nzambe Alingeli biso.

Nini Nzambe Alingi biso kosala na mokolo oyo ezali te ete tokamata kopema na mosuni, kasi kopema na molimo. Yisaya 58:13-14 elimboli ete na mokolo na Sabata, bato basengeli na komibatela na nioso elingi bango kosala, na kokendaka nzela na bango moko, kolobaka maloba na pamba, to mpe kosepelaka bisengo na mokili. Kasi, basengeli kobatela mokolo yango bulee.

Na mokolo na Sabata, moto asengeli te kokangama na makambo na mokili, kasi akenda ndako na Nzambe, yango ezali nzoto na Nkolo, kolia lipa na bomoi, oyo ezali Liloba na Nzambe; kozala na lisangana na Nkolo na nzela na mabondeli mpe masanjoli; mpe kozwa kopema na molimo kati na Nkolo.

Na nzela na lisangana bandimi basengeli kokabola ngolu na Nzambe moko na mosusu mpe basungana mpona kotonga kondima na moko na moko. Na tango tokamati kopema na molimo na lolenge oyo, Nzambe Akokolisa kondima na biso mpe Akofulukisa milimo na biso.

Bongo, nini mpenza esengeli na kosalelama mpona kobatela mokolo na Sabata bulee?

Yambo, Tosengeli Kolinga Mapamboli na Mokolo na Sabata mpe Tomibongisa Biso Mpenza Mpo ete Tozala Sani Epetolama.

Mokolo na Sabata ezali mokolo eye Nzambe Atia pembeni

lokola bulee, mpe yango ezali mokolo na esengo na tango tokoki kozwa mapamboli na Nzambe. Eteni na suka na Esode 20:11 elobi ete, "YAWE Apambolaki Sabata mpe Abulisaki yango," mpe Yisaya 58:13 elobi ete, "Mpe okobianga Sabata ete na esengo, mpe mokolo na bulee na YAWE ete ezala na lokumu."

Ata lelo, mpo ete Bayisalele babatelaka mokolo na motoba lokola mokolo na Sabata, lolenge na tango na Kondimana na Kala, babandaka kobongisa Sabata mokolo moko na liboso. Balambaka bilei nioso, mpe soki esengelaki na bango kosala mosala libanda na ndako, bakobongisa kozonga nookinoki na ndako na koolekisa mokolo na mitano na pokwa te.

Biso mpe llokola, biso mpe tosengeli kobongisa mitema na biso mpona Sabata liboso na Eyenga. Mposo nioso, tosengeli tango nioso kolamuka kati na libondeli liboso na Eyenga kokoma mpe tomeka kobika kati na solo na tango nioso mpo ete tokoka te kotonga epekiseli na masumu kati na Nzambe mpe biso moko.

Bongo kobatela mokolo na Sabata bulee elakisi kaka te ete tobonzeli Nzambe mokolo yango. Elakisi kobika mposo moobimba kolandana na Liloba na Nzambe. Nde bongo, soki tosalaki eloko na poso yango oyo ekokaki kondimama epai na Nzambe, tosengeli kotubela mpe kobongama mpona Eyenga na motema mopetolama.

Mpe na tango toyei na mayangani na Eyenga, tosengeli koya liboso na Nzambe na motema na matondi. Tosengeli koya liboso na Ye na motema na esengo mpe na motema kozela eloko, lokola mobali na libala kozelakka mwasi na ye. Na mottema na lolenge oyo, tokoki komilengela na mosuni na kosukola nzoto, to mpe tango mosusu kokende epai na mokati suki to mpe na salon mpo ete toyeba ete totalisami petwa mpe na kobatelama.

Tokoki mpe koluka kopetola mpe ndaku na biso mpe lokola. Tosengeli mpe kozal na bilamba petwa mpe malamu eye esilaki kobongisama, mpona kolatama kati na egelesia. Tosengeli te tomisangisa na makambo moko ten a mokili nab utu makasi na mokolo na motoba eye ekomema biso kati na Eyenga. Tosengeli komipekisa na makambo oyo makoki kobebisa masanjoli tokopesaka epai na Nzambe na Eyenga. Lisusu, tosengeli komeka kobatela mitema na biso na kosilikaka, kozwa nkanda, to mpe kotomboka, mpo ete tokoka komgumbamela Nzambe kati na molimo mpe kati na solo.

Bongo na motema moningisama mpe na bolingo, tosengeli komilengela malamu mpona Eyenga, mpe komibongisa mpo ete tozala eluku esengeli na kozwa ngolu na Nzambe. Oyo ekopesa na biso nzela na kokutana na Sabata na molimo kati na Nkolo.

Na Mibale, Tosengeli Kopesa Mokolo Mobimba na Eyenga Epai na Nzambe

Ata kati na bandimi, ezali na bato oyo bapesaka na Nzmabe kaka mayangani moko wana na Eyenga na tongo. Bakosalaka yango mpona kopema to mpe na makambo na kosepelisa, to mpe na kolandela makambo misusu. Soki tolingi solo kobatela Sabata na lolenge esengeli na motema ebangi Nzambe, tosengeli kobatela mokolo mobimba bulee. Tina wapi tokokimaka mayangani na pokwa mpona kosala makambo kilikili ezali mpo ete totikaka mitema na biso milanda oyo isepelisaka mosuni, mpe na bongo tokolandaka makambo na mokili.

Na ezalali na lolenge oyo, ezali pete mingi mpona kotungisama na makanisi misusu kati na mayangani na tongo. Mpe ata soki tokoki koya kati na ndako na Nzambe, tokoka te kobonza mayangani masengeli na Nzambe. Kati na mayangani, makanisi na biso makoki kotondisama na makambo lokola ete, "Nakokende ndako mpona komipemisa sima na mayangani oyo," to "Oo, bongo ekozlaa malamu te ete nakenda kotala moniinga na ngai sima na mayangani," to "Nasengeli kosala noki mpona kofungola bombongo na ngai sima na oyo." Makanisi na lolenge nioso mikokotaka mpe mikobimaka kati na ba bongo na biso mpe tokoka te komitika kati na mateya, to mpe tokoki ata kobanda konimba mpe kolemba kati na mayangani.

Ya solo mpona bandimi na sika, mpo ete kondima na bango izali moke, na pete bakoki na kolanda makambo misusu, to mpo ete ba nzoto na bango milembi makasi, bakoki na kolalalala. Mpo ete Nzambe Ayebi etape kati na kondima na moto moko na moko mpe akotalaka na kati na motema na moto moko na moko, Akoyokolela bango mawa. Kasi soki moto moko oyo asengeli kozal na kondima monene akomi na kollandelaka makambo pambba na bo pete mpe abandi kolala mpongi kkati na mayangani, azali kaka kozanga botosi epai na Nzambe.

Kobatela mokolo na Sabata bulee elakisi kaka te kozala kati na ndako na Nzambe na bonzoto mokolo na Eyenga. Elakisi kobatela kati na motema na biso mpe attention na biso epai na Nzambe. Kaka na tango tozali kongumbamela Nzambe lolenge esengela mokolo mobimba na Eyenga kati na molimo mpe na solo wana nde Ye Akoyamba na esengo malasi na mbeka na mitema na biso kati na mayangani.

Mpona kobatela mokolo na Sabata bulee, ezali mpe motuya na lolenge nini bozali kolekisa ba tango na bino libanda na mayangani na Eyenga. Tosengeli te kokanisaka ete, "Mpo ete nakotaki na mayangani, Nasali nioso esengelaki na ngai kosala." Sima na mayangani, tosengeli kozala na lisangana elongo na bandimi misusu mpe tosalela bokonzi na Nzambe na kosukolaka ndako na Nzambe, to mpe na kotambwisa kobima na mituka kati na parking na lingomba, to mpe kosalaka misala misusu na kati na lingomba.

Mpe sima na mokolo kosila tokokende ndako mpe tokopema, tosengeli koboya makambo na kosepelisa nzoto. Kutu, tosengeli kokanisa mateya toyokaki na mokolo yango, to mpe kolekisa tango na kolobaka mpe na kokabolaka elongo na libota na biso likolo na ngoolu na Nzambe mpe solo. Ekozala likanisi malamu koboma tv, kasi esalemi ete tozali kotala, tosengeli kokima makambo misusu maye makoki kolamusa kolula na biso to mpe oyo ekoki komema bison a koolanda bisengo na mokili. Ebongi kutu kotala ba programe oyoo malamu, petwa, mpe ata na makambo makobakisaka kondima.

Na tango tozali kolakisa Nzambe ete tozali komeka kosepelisa Ye, ata na makambo mike, Nzambe oyo Atalaka kati na mitema na moko na moko, Akoyamba masanjoli na bison a esengo, Akotondisa biso na Moliimo mosantu, mpe Akopambola biso mpo ete tokoka kozala na kopema na solo.

Misato, Tosengeli Te Kosala Misala na Mokili.

Nahemia mokonzi na Yisalele nan se na Nkumu Artaxerxes, Nkumu na Persia, kati na kososola mokano na Nzambe, atongaki sika kaka lopango na mboka na Yelusaleme na Sika te kasi mpe asalaki ete bato babatelaki mokolo na Sabata bulee.

Yango tina apekisaki kosala to kotekisa na mokolo na Sabata, mpe abenganaki ata bato oyo bazalaki kolala mpongi na libanda na mapamngo na mboka bango wana bazalaki kozela kuna mpona kosala bombongo na mokolo sima na mokolo na Sabata.

Kati na Nehemia 13: 17-18, Nehemia akebisaki baton a ye ete, "Likambo mabe oyo nini lizali bino kosala mpe kobebisa mokolo na Sabata? Batata na bino basalaki nde bongo te? Mpe Nzambe na biso Ayeisaki mabe oyo nioso likolo na biso te mpe likolo na mboka oyo te?" Nini Nehemia azali koloba ezali ete kosala bombongo na mokolo na Sabata ekokweisaka Sabata mpe ekopelisaka nkanda na Nzambe.

Moto nani nani oyo azali kobebisa mokolo na Sabata azali kondima bokonzi na Nzambe te mpe andimeli elaka na Ye na kopambola b a oyo bakobatela mokolo na Sabata bulee. Yanngo tina Nzambe, oyo Azali sembo, Akoki te kobatela bango, mpe makama esengeli kokwela bango.

Nzambe Akobi na kotinda eloko na lolenge moko na biso nioso lelo. Alobeli na biso kosala makasi mikolo motoba, nde bongo komipemisa na mokolo na sambo. Nde soki tokokanisaka mokolo na Sabata na kobatela yango bulee, wana nde Nzambe Akopesa na biso kaka oyo esengeli te mpona biso kozwa lifuti tokokaki kozwa na kosalaka na mokolo na Sabata, kasi akopambola biiso kino esika wapi 'ba ndako na biso na kobomba' ekotandisama.

Soki botali kati na Esode chapitre 16, bokomona ete na tango Nzambe Apesaka Bayisalele na Mana mpe kanga mokolo nioso, na mokolo na motoba, Akitisaka mbala mibale na oyo Amesanaka kotinda na mikolo misusu, mpo ete bango bakoka kobongisa mokolo na Sabata. Kati na Bayisalele, ezalaki na basusu oyo, kati na moyimi na bango, bazalaki koobima mpona kolokota mana na mokolo na Sabata kasi bazongaki maboko pamba.

Mobeko moko na molimo esalelami epai na biso lelo. Soki mwana na Nzambe Akobatelaka mokolo na Sabata bulee te mpe ye azwi ekateli na kosala mokolo na Sabata, akoki kobuka lifuti na mua ntango moke, kasi na tango molai, mpona oyo to wana, akokutana solo na kobungisa na tango molai.

Solo na likambo ezali ete ata soki emonani ete ozali kozwa lifuti na ngonga oyo soki kobatelama na Nzambe ezali te, okokangami na bokutani na mobulu eye ekanaki yo te. Ndakisa, okoki komikotisa kati na likama, to mpe kozwa bokono, bongo na bongo, yango ekosuka na kozala kobungisa monene na suka koleka lifuti ozwaki.

Na bokeseni, soki bokokanisa mokolo na Sabata mpe bokobatela yango bulee, Nzambe Akokengela bino mpona poso mobimba mpe akotambwisa bino na nzela na bofuluki. Molimo Mosantu Akobatela bino na Likonzi na moto kopela, mpe Akobatela bino na malali. Akopambola bino mpe bombongo na bino, esika na bino na mosala, mpe esika nioso wapi bokoki kokenda.

Yango tina Nzambe Apesaka mobeko oyo kati na Mibeko Zomi. Atiaki ata etumbu makasi, kobolama na mabanga na bato ba oyo bakangamaki na kosalaka mokolo na Sabata, mpo ete baton a Ye bakoka kokanisa mpe babosana te motuya na mokolo na Sabata mpe bakende na nzela na kufa na libela te (Mituya Chapitre 15).

Kobanda mokolo oyo Nandimelaka Christu kati na bomoi na ngai, Nasalaka nioso ete nakoka kokanisa mokolo na Sabata mpe na batela yango bulee. Libosa na Ngai kobanda lingomba na biso, natambwisaka bombongo na ndako na ba buku. Na mikolo na Eyenga, ebele na bato bazalaki koya kati na esika na bombongo, na kolingaka kozongisa to mpe kozwa ba buku. Mpe na tango nioso likambo oyo ezalaki kosalema nazalaki koloba ete, "Lelo ezali Mokolo na Nkolo, bongo bombongo ekangami," mpe nasalaki bombongo moko ten a mokolo yango. Bongo lifuti na yango, esika na kobungisa, Nzambe solo akitisaka mingi na mapamboli na mikolo mitoba tozalaki kosala mosala, nde boye tokokaki at ate kokanisa lisusu te mpona kosala na mokolo na Eyenga!

Na Tango Mosala to Mpe Kosala Bombongo na mokolo na Sabata Endimami

Na tango botali kati na Biblia, ezalaki na bisika wapi kosala mosala to mpe kosala bombongo endimamaki na Mokolo na Sabata. Yango ezalaki makambo esika wapi mosala esengela mpona kosala mosala na Nkolo to mpe mpona kosala misala malamu, lokola kobikisa bomoi na bato.

Matai 12:5-8 elobi ete, "Botangi mpe na mibeko te lokola banganga Nzambe bakobebisa Sabata kati na Tempelo na mokolo na Sabata, nde bazali na ekweli te? Nazali koloba na bino solo ete yango eleki Tempelo ezali awa. Soko boyebaki ntina na oyo ete, 'Nalingi mawa, Nalingi mbeka te, mbe bokitisi bato te baoyo bazangi ekweli.' Mpo ete Mwana na Moto Azali Nkolo na Sabata."

Na tango banganga bakokata moto na ba nyama mpona mbeka na kotumba na mokolo na Sabata, yango emonani mosala te. Nde boye mosala nioso esalemi mpona Nkolo na Mokolo na Nkolo ebengami kobebisa Sabata te, mpo ete Ye Azali Nkolo na

Sabata. Ndakisa, soki lingomba elingi kopesa na bayembi to mpe na balakisi na bilei mpo ete bango basalaki makasi kati na lingomba mokolo mobimba, kasi lingomba ezali na esika na kolia te to mpe na bisika misengelama mpona kosala yango, bongo nde epesameli na lingomba ete basomba bilei mpona bango esika mosusu. Yango ezali mpo ete Nkolo na Sabata ezali Yesu Christu, mpe kosombaka bilei kati na oyo ezali kati na mosala na Nkolo. Ya solo elingaki kozala malamu mingi na koleka soki bilei elambamaki kati na lingomba.

Na tango ba ndako na ba buku efungwami na Eyenga kati na lingomba, yango ebengami te kobebisa Sabata mpo ete biloko miye mitekisami kati na ndako na ba buku kati na lingomba izali biloko na mokili te kasi izali kaka biloko oyo izali kopesa bomoi na bandimi kati na Nkolo. Isangisi ba Biblia, makasa na ba nzemboo, mateya enregistrer, mpe biloko misusu katii na Egelesia. Liisusu, masini na kotekisa mpe biloko misusu kati na cantine misengeli mpo ete mizali kosunga bato misusu kati na egelesia na mokolo na Sabata. Interet na kotekisa oyo ikosalelama mpona kosunga misala na Nzambe na bapaya mpe makambo malamu misusu, nde boye ikesani na ba profit misusu oyo batekisi na mokili bakozwaka na libanda na lingomba.

Nzambe Atalaka te misala na ba lolenge misusu na mokolo na Sabata ete ebuka mokolo na Sabata lokola misala na ba soda, polisie, minganga, bongo na bongo, Mizali misala esika wapi mosala esalemii mpona kobatel mpe mpona kobikisa bomoi na bato mpe kosala misala malamu. Kasi ata soki ezali bongo mpona bino, bosengeli komipesa na Nzambe, ata soki elakisi kaka kati na motema na bino. Motema na bino esengeli kolikia epai na mokonzi na binoo abongola mokolo na bino na kopemisa nzoto, soki ekoki, mpo ete bobatela Sabata.

Bongo lolenge nini mpona bandimi oyo bakosalaka milulu na libala na bango na Eyenga? Soki bakolobaka ete bandimela Nzambe mpe bazalinna milulu na libala na bango na Mokolo na Nkolo. Etalisi ete kondima na bango ezali moke mingi. Kasi soki bazwi ekateli na kozala na libala na Eyenga mpe moto moko te kati na lingomba na bango eyei na libala, bakoki koyoka mabe mpe balongwa na kotambola na bango kati na kondima. Bongo na lolenge oyo, bandimi kati na lingomba bakoki koya na milulu oyo sima na mayangani na Eyenga.

Pembeni na makambo oyo, ekoki kozala na mituna mingi na koleka mpona mokolo na Sabata. Kasi soki bobandi kososola motema na Nzambe bokoki na pete kozwa eyano na mituna mana. Na tango bolongoli mabe nioso kati na mitema na bino, bokoki bongo kosanjola Nzambe na motema na bino mobimba. Bokoki kosala kati na bolingo na solo epai na milimo misusu esika na kosambisa bango na mibeko misalema na bato mpe na bokoko lokola Basaduceens na Bafalisai. Bokoka kosepela Sabata na solo kati na Nkolo na kozanga na kobebisa Mokolo na Nkolo. Bongo nde, bokoyeba mokano na Nzambe kati na makambo nioso. Bokoyeba nini kosala na kotambwisama na Molimo

Mosantu mpe na tango nioso bokokoka kosepela bonsomi na kobikaka kati na solo.

Nzambe Azali bolingo, bongo soki ban aba Ye bakotosa Mibeko ma Ye mpe bakosalaka nini ekosepelisaka Ye, Akopesa na bango nioso oyo bango bakosenga (1 Yoane 3:21-22). Akonokisela biso kaka ngolu na Ye te, kasi akopambola mpe biso mpo ete tokoka kofuluka mpe tozwa elonga kati na makambo nioso na bomoi na biso. Na suka na ba bomoi na biso Akomema bison a esika eleki malamu na Lola.

Abongisela biso Lola mpo ete, kaka lokola mwasi na libala akabolaka elongo na mobali na libala bakabolaka bolingo mpe esengo, tokoki mpe kokabola bolingo na esengo mpona libela kati na Lola elongo na Nkolo na biso. Yango ezali Sabata na solo oyo Nzambe abombela biso. Bongo Nabondeli ete kondima na bino ekola mpe ekoma monene na boleki na mokolo moko na moko, lolenge bokanisi mokolo na Sabata na kobatelaka yango mpenza na mobimba mpe bulee.

Chapitre 6
Mobeko na Mitano

"Kumisa Tata Mpe Mama na Yo"

Esode 20:21

Kumisa tata na yo mpe mama nay o, ete mikolo nay o mizala mingi na mokili oyo YAWE Nzambe na yo Apesi na yo."

Na mokolo moko na malili makasi na tango ba nzela na Coree mitondisamaki na ba refugee na konyokwama na kobebisama na bitumba na baton a Coree, ezalaki na mwasi pembeni na kobota mwana. Azalaki na nzela molai na kokende liboso na ye kokoma esika elingaki ye kokoma, kasi lokola pasi na kobota na ye ekobaki mpe elutaki, amataki likolo na pont eye basalelaka lisusu te. Na komilalisaka kati na malili, mpe mabele na mayeisama libanga mpona malili, akangaki motema mpona pasi na kobota mpe abimisaki mwana moke na mokili. Bongo azipaki bebe na makila na bilamba na ye moko mpe abonbaki ye kati na tolo na ye.

Sima na ba sanza moke, soda na America moko oyo azalaki koleka pembeni na pont ayokaki bebe kolela. Na kolandelaka makelele na kolela, amataki likolo na pont mpe akutanaki na mwasi bolumbu mpe mokufi kati na malili makasi azipa mwana moke na bilamba na ye moko. Lokola mwasi kati na lisolo oyo, baboti balingaka bana na bango kino na esika na kokaba bomoi na bango moko mpona tina na bango. Bongo lolenge nini monene bokaniseli bolingo na Nzambe mpona tina na biso?

"Kumisa tata na yo mpe Mama na Yo"

Kokumisa tata nay o mpe mama nay o elakisi kotosa mokano na baboti nay o, mpe kosalela bango kati na botosi na solo mpe bizaleli malamu. Baboti na biso babotaka biso mpe bakolisaka biso. Soki baboti na biso bazalaka te, biso mpe tolingaki kozala te. Bongo ata soki Nzambe Apesaka mobeko oyo te lokola moko kati na Mibeko Zomi, baton a mitema malamu balingaki kaka kokumisa baboti na bango.

Nzambe Apesi na biso mobeko eye, "Kumisa tata nay o mpe mama nay o," mpo ete lolenge elobelami kati na Baefese 6:1, "Bino bana botosaka baboti na bino na kati na Nkolo mpo ete yango ezali sembo," Alingi biso tokumisa baboti na biso kolandana na Liloba na Ye. Soki esalemi ete botosa te Liloba na Nzambe mpona kosepelisa baboti na bino, bongo oyo ezali solo kokumisa baboti na bino te.

Ndakisa, soki soki bolingi kokende na lingomba na Eyenga mppe baboti na bino balobi ete, "Bokende egelesia lelo te. Tika ete tosangana na libota," bongo bokosala nini? Soki botosaka baboti na bino mpona kosepelisa bango, ezali solo kokumisa bango te. Ezali kobuka mokolo na Sabata mpe kokende nzela na molili na libela elongo na baboti na bino.

Kati na 2 Ntango 15:16, elobi ete, "Ata Maaka, mama na mokonzi, ye mokonzi Asa alongolaki ye na lokumu na mama – na-mokonzi pamba te asalaki ekeko na mpamba mpo na Asela. Asa abukaki ekeko na ye, atutaki yango mpe azikisaki yango na etima na Kidilono."

Soki mama mokonzi na ekolo na moko, angumbameli bikeko, azali kotelemela Nzambe mpe azali kotambola na nzela na kobebisama na seko. Kaka bongo te, azali komema likama epai na baton a ye na komemaka bango na kongumbamela bikeko mpe bakweya kati na kobebisama moko na libela elongo na ye.

Yango tina, ata soki Maakaazalaki mama na ye, Asa amekaki kosepelisa ye ten a kotosa ye, kasi kutu alongolaki ye na ebonga na ye na mama-na-mokonzi mpo ete akoka kotubela na masengenya na ye liboso na Nzambe mpe bato bakokaki kolamuka mpna kosala lolenge moko.

Kasi kolongolama na mama na mokonzi Asa na ebonga na ye lokola mama mokonzi elakisisaki te ete atikaki kokokisa mosala na ye lokola mwana na ye mobali. Na lolenge ye alingaki molimo na ye, akobaki na kotosa mpe kokumisa ye lokola mama na ye.

Mpona koloba, "Nakumisi solo baboti na ngai," tosengeli kosunga baboti naino bandimela te mpo ete bakoka kozwa lobiko mpe bakende Lola. Soki baboti na biso basilaki kozala bandimi, tosengeli kosunga bango ete bakoka kokota esika malamu mingi na Lola. Na ngonga moko, tosengeli mpe komeka na kosalela mpe kosepelisa bango na lolenge ekoki biso kati na solo na Nzambe, na tango tozali kobika kati na mokili oyo.

Nzambe Azali Tata na Milimo na Biso

"Kumisa tata mpe mama nay o" suka suka elakisi lolenge moko na "Tosa mibeko na Nzambe mpe kumisa Ye." Soki moto moko azali solo kokumisa Nzambe kati na mozindo na motema na ye, akokumisa mpe baboti na ye. Mpe lolenge moko, soki solo moto moko akosalela baboti ba ye, akosalela solo Nzambe mpe lokola. Kasi solo kati na likambo ezali ete, na tango makambo na motuya matalisami, Nzambe Asengeli kozala na Yambo.

Ndakisa, kati na bituka mingi soki tata elobeli mwana na ye mobali ete, "Kenda na esika na ebimeli na tango," bongo mwana mobali akotosa mpe akokende na ebimeli na tango. Kasi soki na ngonga yango koko na ye mobali alobi ete, "Soko te, kokende kun ate. Kenda na ekoteli na tango." Bpngo yango ekozala malamu mpona mwana koloba na tata na ye ete, "Koko ayebisi ngai ete nakende na ekoteli na tango," mpe sima akende na ekoteli na tango.

Soki solo tata akumisaka tata na ye moko, ye akozwa kanda te kaka mpo ete mwana na ye mobali atosi koko na ye esika na kotosa ye moko. Likambo oyo na kotosa mokolo moko, kolandana na ba mbula na ye, ezali mpe lolenge moko na Nzambe mpe lokola.

Nzambe Azali Ye oyo Akelaka mpe Apesaka bomoi na tata na biso, koko na biso, mpe bakoko na biso nioso. Moto akelamaka na lisanga na mai mpe libumu. Kasi oyo Apesaka motomosisa na bomoi eye esengela ezali Nzambe.

Ba nzoto na bison a komonana na miso na bomoto izali kaka hema na tango moko eye tokosalelaka na tango tozali kobika naino kati na mokoli oyo. Kasi molimo kati na moko na moko na bisi ezali solo elilingi na Nzambe. Ata na mayebi mpe mayele na lolenge nini moto akomi na yango, moto moko te akoki ko cloner molimo na moto. Kasi ata soki moto akoki kocloner ba cellule na nzoto na moto mpe asala lolenge na moto, kaka soki Nzambe Apesi molimo nde moto akozala.

Na bongo tata na solo na molimo na biso ezali Nzambe.

Na koyebaka likambo oyo, tosengeli kosala eye tokoki mpona

kosalela mpe kokumisa baboti na biso na mosuni, kasi tosengeli kolinga, kosalela, mpe kokumisa Nzambe na koleka, mpo été Ye Azali mobandisi mpe mopesi mpenza na bomoi.

Bongo moboti oyo asosoli mokano oyo akokanisaka te été, « Nabota mwana na ngai, nde boye nakoki kosala nioso epai na ye." Lolenge ekomama kati na Njembo 127 :3 ete, "Bana bazali likabo na YAWE, mpe mbuma na libumu izali libonza," baboti na kondima bakomona bana na bango likabo epesama na Nzambe mpe molimo eye ezanga motuya ekokambama kolandana na mokano na Nzambe kasi oyo na bango te.

Lokumu Epai na Nzambe, Tata na Milimo na Biso

Bongo, nini esengeli na biso kosala mpona kokumisa Nzambe, Tata na milimo na biso?

Soki solo bokumisaka baboti na bino, bosengeli kotosa bango mpe komeka komemela bango esengo mpe malamu kati na mitema na bango. Na lolenge moko, soki solo bolingi kokumisa Nzambe, bosengeli kolinga Ye mpe kotosa mibeko ma Ye.

Lolenge ekomama kati na 1 Yoane 5:3, "Mpo ete bolingo na Nzambe ezali boye, ete tokokisa malako na Ye; Malako ma Ye mpe mazali na bozito te," Soki solo bolingaka Nzambe, nde kotosa mibeko ma Ye mikozala esengo.

Mibeko na Nzambe mizali kati na maloba makomama kati na ba buku ntuku motoba na motoba kati na Biblia. Mingi

mingi, ezali na maloba lokola "Linga, Limbisa, mema kimia, salela, bondela," bongo na bongo, esika wapi Nzambe Alobeli biso ete tosala eloko moko. Ezali mpe na maloba lokola "Bwakisa ata lolenge na moke koleka na lisumu," bongo na bongo, esika Nzambe Alobeli na biso ete tolongola eloko kati na bomoi na biso, mpe maloba lokola "Batela mokolo na Sabata bulee," bongo na bongo, esaki wapi Nzambe Alobi na biso ete tobatela eloko.

Kaka na tango tosali kolandana na mibeko miye mikoma kati na Biblia mpe tokomi malasi kitoko mpona Nzambe lokola Bakristu, nde tokoka koloba ete tozali solo kokumisa Nzambe Tata.

Ezali pete mpona komona bato oyo balingi Nzambe mpe bakokumisaka Ye mpe bakokumisaka baboti na bango mpe na mosuni. Yango ezali mpo ete mibeko na Nzambe elobeli mpe biso ete tokumisa baboti na biso kati na mosuni mpe tolinga bandeko na biso.

Bongo bino bolingaka Nzambe mpe bokosalaka eye ekoki mpona kosalela Ye kati na lingomba, kasi bokobosanaka baboti na bino kati na ndako? Bongo bino bozalaka na komikitisa mpe na kolinga liboso na bandeko na bino babali mpe na basi kati na lingomba kasi na ba tango misusu bokokoma mangongi to mpe na kofingaka bandeko na bino kati na ndako? Bino bokoswanisaka baboti na bino bakolo na maloba mpe na bizaleli eye ekotalisaka kozoka kati na motema na kolobaka ete maloba na bango mazali na ntina te?

Ya solo ekoki kozala na ba tango wapi bino elongo na baboti na bino bozali na makanisi na kowelana likolo na bokeseni kati na ba mbula, kolakisama, to mpe boyebi. Kasi, tosengeli tango nioso komeka kotosa mpe kokumisa makanisi na baboti na bison a liboso.

Tosengeli soko te kobosana kokumisa baboti na bison a kososolaka ete tozalaki na makoki na kobika mpe na kokola kino esika tozali mpona bolingo na bango mpe komikaba mbeka na bango mpona biso. Bato misusu bakoki koyoka lokola baboti na bango batikala kosalela bango eloko moko te mpe bakoyoka yango pasi mpona kokumisa bango. Kasi, ata soki baboti misusu bakokaki kozala sembo kati na misala na bango lokola baboti, tosengeli kokanisa ete kokumisa baboti oyo babota biso ezali moboko kati na bomoto na bato.

Soki Bolingaka Nzambe, Bokumisa Baboti na Bino

Kolinga Nzambe mpe kokumisa baboti na bino etambolaka loboko na loboko. Kati na 1 Yoane 4:20 elobi ete, "Soko moto nani akoloba ete 'Nalingi Nzambe, nde azali koyina ndeko na ye, ye wana moto na lokuta; Mpo ete ye oyo akolingaka ndeko na ye te, awa esili ye komona ye, akolonga kolinga Nzambe te, oyo amoni naino Ye te."

Soki moto akolobaka ete alingaka Nzambe kasi akolingaka baboti na ye te mpe akobika na kimia elongo na bandeko na ye mibali mpe na basi te, bongo moto yango azali moto na bilongi mibale, mpe azali moto na lokuta. Yango tina kati na Matai 15 eteni na yango 4-9 tomoni Yesu kopemela Bafalisai mpe bakomi na mibeko. Kolandana na bokoko na bakolo, soki kaka bango bakobaki na kopesa mabonza na bango epai na Nzambe, basengelaki te komitungisa mpona kopesa epai na baboti na bango. Soki moto akolobaka ete ye akoki kopesa eloko moko te epai na baboti na ye mpo ete asengeli kpesa epai na Nzambe, yango ezali kaka kobuka mobeko na Nzambe mpona kokumisa baboti na biso te, kasi mpo ete azali kosalela Nzambe mpona komilongisa, ezali solo ete yango euti kati na motema mabe; na kolukaka kokamata oyo esengeli solo na baboti na ye mpona komisepelisa ye moko. Moto oyo Alingaka mpe Akumisaka solo Nzambe longwa na kati na motema na ye akolinga mpe akokumisa mpe baboti ba ye.

Ndakisa, soki moto moko azalaki na kokoso na kolinga baboti na ye na ba mikolo mileka ayei kososola bolingo na Nzambe mingi na koleka, akobanda mpe kososola bolingo na baboti na ye mpe lokola. Na koloke bayei kati na solo, bolongoli masumu, mpe bobiki kolandana na Liloba na Nzambe, mitema na bino mpe mikotondisama na bolingo na solo, mpe bokomata kati na makoki na kosalela mpe na kolinga baboti na bino.

Mapamboli Ekozwaka Bino na Ntango Botosi Mobeko na Mitano

Nzambe Apesa elaka na ba oyo bakolinga Nzambe mpe bakokumisa baboti na bango. Esode 20:12 elobi ete, "Kumisa tata nay o mpe mama nay o, été mikolo na yo mizala mingi na mokili oyo YAWE Nzambe na yo Apesi na yo."
Eteni oyo elakisi kaka te ete bokobika bomoi molai soki botosi baboti na bino. Elakisi ete na lolenge bokokumisa Bzambe mpe bokokumisa baboti na bino kati na solo, Akopambola moko na moko na bino na bofuluki mpe na kobatelama kati na makambo nioso na bomoi na bino. "Kobika Molai" elakisi ete Nzambe Akopambola bino, mabota na bino, esika na bino na mosala to na bombongo na makama na mbalakata mpo ete bomoi na bino ekozala molai mpe na elonga.
Luta, mwasi na Kondimana na Kala, azwaki mapamboli na lolenge oyo. Luta azalaki mwasi mopagano na Moaba, mpe na kotalaka makambo makomelaki ye na nzoto, moto akoki koloba ete azalaki na bomoi na makasi. Abalaki Moyuda oyo alongwaki Yisalele mpona kokima nzala. Kasi kala te sima na bango kobalana, akufaka mpe atikaki ye na mwana moko te.
Tata bokilo na ye asilki kokufa, mpe kuna ezalaki na mobali moko te kati na ndako mpona kosunga libota na ye. Moto kaka moko oyo atikalaki kati na ndako na ye ezalaki mama na ye bokilo, Naomi, mpe mbanda na ye, Oprah. Na tango ma ana ye bokilo, Naomi azwaki mokano na kozonga Yuda, noki noki Luta azwaki ekateli na kolanda ye.
Naomi amekaka kondimisa mwasi na mwana na ye ete akenda mpe ameka kobanda bomoi na sika kati na esengo, kasi Luta akokaki kondimisama te. Luta alingaki kosunga mama

na ye bokilo mokufeli mobali kino na suka, bongo asukaki na kolanda ye na Yuda, mokili mpenza mopaya epai na ye. Mpo ete alingaka ma ana ye bokilo, alingaki kokokisa mosala na ye nioso lokola muana bokilo. Alingaka kosala eye esengelaki na ye kosala mpona kolandelaka Naomi na lolenge elingelaki ye. Mpona kosala yango, azalaki ata koluka kotika libaku malamu na kozwa bomoi sika, malamu kati na esengo mpona ye moko.

Luta mpe Ayaka kozwa kondima kati na Nzambe na Yisalele na nzela na mama na ye bokilo. Tokoki komona litatoli na ye na kosimbama kati na Luta chapitre 1, eteni 16 kino 17 ete: Bondela ngai kotika yo te, to kozanga kobiila yo te. Esika ekokende yo, ngai mpe nakokenda kuna, mpe esika ekolala yo, ngai mpe nakolala wana. Baton a yo bakozala baton a ngai, mpe Nzambe nay o Akozala mpe Nzambe na ngai.Esika ekokufa yo ngai mpe nakokufa mpe nakokundama wana. YAWE Asalela ngai boye mpe mosusu lokola, soko eloko mosusu ekokkabola kati na bison a yo, bobele kufa.

Na tango Nzambe Ayokaki litatoli na bango, ata soki Luta azalaki Mopagano, Apambolaki Ye mpe Afulukisaki bomoi na ye. Kolandana na bokoko na Bayuda esika wapi mwasi akokaki kobala lisusuna ndeko moko na mobali na ye na pembeni, Luta akokaki kobandada libota na sika kati na esengo na ndeko mobali mpe abika bomoi na ye elongo na mama bokilo na ye, oyo alingaka.

Likolo na wana, na nzela na bakitani na ye Dawidi ayaka, mpe Luta azalaki na makoki na na kokabola bokoko kati na mabota na Mobikisi Yesu Christu. Lolenge elakaka Nzambe mpo ete Luta akumisaki baboti na ye kati na bolingo na Nzambe, azwaka ebele na mapamboli na nzoto mpe na molimo.

Lokola Luta, tosengeli naino kolinga Nzambe, mpe na sima kokumisa baboti na biso kati na bolingo na Nzambe, mpe na bongo tozwa mapamboli nioso malakama maye mazwami kati na maloba na Nzambe, "Mpo ete obika molai kati na mokili."

Chapitre 7
Mobeko na Motoba

"Okoboma te"

Esode 30:13

"Okoboma te."

Lokola Pasteur, nakutanaka na ebele na bandimi na lingomba. Pembeni na mayangani na momesano, namesana kokutana na bango na tango bango bayaka kozwa libondeli na ngai, bayaka kopesa matatoli na bango, to mpe bakolukaka toli na molimo. Mpona kosunga bango été bakola makasi kati na kondima na bango, Namesana kotuna bango motuna eye ; "Olingaka Nzambe ?"

"Iyo ! Nalingaka Nzambe, » mingi kati na bato bakozongisa boye. Kasi yango na momesano ezalaka mpo ete basosolaka te limbola na solo na kolinga Nzambe. Bongo nakabolaka elongo na bango likomi eye, "Mpo ete bolingo Nzambe ezali boye ete tokokisa malako na Ye" (1 Yoane 5:3) mpe elimboli limbola na molimo na kolinga Nzamba. Bongo na tango natunaka lisusu motuna moko wana, mingi kati na bango bayanolaka na makasi moke koleka na mbala liboso.

Ezali motuya mingi na kososola limbola na molimo na maloba na Nzambe. Mpe yango ezali eloko na lolenge moko na Mibeko Zomi. Bongo limbola na molimo nini mobeko na Motoba ekomema?

"Okoboma Te"

Soki tokotala kati na Genese chapitre minei, tokomona likambo na liboso na koboma kati na bato. Yango ezali esika wapi Caina mwana na Adamu, abomaka ndeko na ye nna leki Abele. Mpona nini makambo na lolenge oyo ekosalema?

Abele apesaka mbeka epai na Nzambe na lolenge eye esepelisaka Nzambe. Caina apesaki mbeka epai na Nzambe na lolenge oyo ye akanisaki malamu, mpe na lolenge esepelisaki ye mpenza, mpe na lolenge eye ezalaki mpenza na kosepelisa mingi mpona ye. Na tango Nzambe Andimaki te mbekka na Caina, esika na ye komeka kososola nini asalaki na mabe, Caina akomaka na zua na ndeko na ye mpe atondisamaki na nkanda mpe na koyoka mabe.

Nzambe Ayebaka motema na Caina, mpe na ba mbala mingi, Akebisaka Caina. Nzambe Alobelaka ye ete, "Mpe soko osali malamu te mbe lisumu elali na ekuke na motema nay o, nde ekoki ete oleka yango" (Genese 4:7). Kasi lokola ekomami kati na Genese 4:8, "Wana ezalaki bango na lisobe, Kaina amibwakaki likolo na ndeko na ye Abele mpe abomaki ye," Kaina akokaki kokonza nkanda na ye te kati na motema na ye mpe asukaki na kosala lisumu ekokaki kosalema te.

Na maloba ete, "Wana ezalaki bango na lisobe," tokoki komona ete Kaina azalaki kozela ngonga wapi alingaki kozala ye moko na ndeko na ye. Yango elakisi ete Kaina asilaki kokata kati na motema na ye koboma ndeko na ye, mpe azalaki kozela na libaku malamu. Koboma eye Kaina asalaki ezalaki likambo na pwasa te; ezalaki mpona nkanda na ye eye akokaki kokonza te; eye etiamaki kati na misala na ngonga moke. Yango oyo ekomonisa koboma na Caina lisumu monene.

Na kolandaka koboma na Kaina, ebele na makambo misusu na koboma misalema kati na lisituale mobimba na bato. Mpe na lelo, mpo ete mokili etondisami na masumu, ebele na koboma ezali kosalema mokolo na mokolo. Ba mbula na babomi mizali mpe kokita, mpe ba lolenge na koboma mizali koluta nse koluta kati na mabe. Ninii eleki mabe na mikolo oyo, ezali ete makambo na koboma esika wapi baboti bakobomaka bana mpe bana bazali koboma baboti na bango ezali lisusu na kokamwisa te.

Koboma na Mosuni: Kokamata Bomoi na Moto Mosusu

Na mobeko, ezali na koboma na lolenge mibale ete: ezali na koboma na etape na liboso, na tango moto moko abomi moto mosusu na nko mpona likambo moko, mpe ezali na koboma na etape na mibale, na tango moto abomi moto mosusu na likanisi na yango te. Koboma kati na mayele mabe to mpe mpona kozwa biloko to mpe koboma na likama na nzela na kokumba na lolenge na mabe mizali ba lolenge ikesana; kasi mozito na masumu mpona likambo moko na moko ikesana,, kolandana na likambo. Koboma misusu mimonana masumu te, lokola kotangisa makila kati na esika na etumba to mpe koboma mpona komibatela.

Biblia elobi ete soki moto abomi moyibi oyo akotaki kati na ndako na ye kati nab utu, ekoki te komonana lokola koboma, kasi soki moto abomi moyibi oyo akoti kati na ndaku na ye na moi, emonani ete ye asali mingi na koleka, mpe ye asengeli na kokutana na etumbu. Yango ezali mpo ete ba mbula nkoto ebele eleka, na tango Nzambe Apesaka mibeko na Ye, bato bakokaki na pete lkolanda to kokanga moyibi na lisungi na moto mosusu. Nzambe amonaka yango ete elekisi na komibatela eye ezalaki komema kotangisama na makila na moto mosusu lisusu mpona likambo oyo, mpo ete Nzambe Apekisa kobwakisama na malamu na moto to mpe kobebisa bomoto kati na bomoi na moto. Yango etalisi lolenge na sembo mpe na kolinga na Nzambe (Esode 22:2-3).

Komiboma mpe Kolongola Zemi

Na pembeni na ba lolenge etalisamaki mpona koboma, ezali mpe na likambo na 'komiboma.' 'Komiboma' emonani solo 'koboma' liboso na Nzambe. Nzambe Azali na bokonzi likolo na ba bomoi na bato nioso, mpe komiboma ezali eloko na koboya bokonzi oyo. Yango tina komiboma ezali lisumu monene.

Kasi bato bakosalaka lisumu oyo mpo ete bandimeli bomoi sima na kufa te, to bandimela Nzambe te. BBongo likolo na kosalaka lisumu na koboya kondima Nzambe, bazali mpe kosala lisumu na koboma. Bongo bokanisa kosambisama na lolenge nini ezali kozela bango.

Na mikolo oyo, mpona kobimisama na basaleli na internet, ezali na makambo na lolenge wapi bato bakomekamaka na ba sites mpona komiboma. Kati na Coree, likambo na liboso mpona kufa kati na baton a ba mbula na bango ntuku minei ezali cancer, mpe oyo na mibale ezali komiboma. Yango ezali kokoma likambo makasi kati na baton a mboka. Bato basengeli na kososola ete bango bazali na nguya moko te likolo na bomoi na bango moko, mpe yango kaka mpo ete basilisi ba bomoi na bango kati na mokili oyo elakisi te ete likambo eye bango batiki na sima esili.

Bongo boni mpona kolongola nba zemi? Solo kati na likambo yango ezali ete bomoi na mwana kati na libumu ezali na nse na nguya ma bokonzi na Nzambe, nde bongo mpe kolongola zemi mpe ekweyi nan se na likambo oyo na koboma.

Lelo, na tango wapi masumu mazali kokonza bomoi na bato ebele, baboti bazali koboma bana na bango na kososola at ate ete yango lisumu. Koboma moto mosusu ezali yango moko lisumu monene, kasi soki baboti babakoli bomoi na bana na bango moko, lolenge nini masumu na koleka ezali?

Koboma na nzoto ezali solo lisumu polele, bongo mboka nioso ezali na mibeko makasi mingi mpona yango. Ezali mpe lisumu monene liboso na Nzambe, bongo moyini zabolo akoki komema mimekano na lolenge nioso mpe na minyokoli na ba oyo babomi. Kaka yango te, kosambisama makasi ezali kozela bango na bomoi sima na bomoi oyo, bongo moto moko te kosala lisumu na koboma.

Koboma na Molimo Eye Ezali Konyokola Molimo mpe Molema

Nzambe Atalaka koboma na nzoto lokola lisumu monene, kasi Ye mpe Atalaka koboma na molimo-yango ezali mpenza somo-lokola lisumu monene mpe lokola. Bongo nini mpenza koboma na molimo?

Yambo, koboma na molimo ezali na tango moto asali eloko libanda na solo na Nzambe, ezala na nzela na maloba to misala, mpe ekosuka na kokweisaka moto mosusu kati na kondima.

Mpona kokweisa mondimi mosusu ezali konyokola molimo na ye na komemaka ye mosika na solo na Nzambe.

Toloba ete elenge kati na kondima ayei kati na lingomba na mokambi moko mpona kozwa toli mpe atunaki ete, "Ezali malamu soki Ngai Nazangisi Mayangani na Eyenga mpona kolandela makambo na ngai misusu na motuya?" Soki mokambi apesi na ye toli ete, "Boye, soki mpona makambo na motuya mingi, nakanisi ete ezali malamu mpona yo kozangisa mayangani na Eyenga," bongo mokambi oyo azali kokweisa elenge oyo kati na kondima.

To mpe toloba ete mokambi moko na misolo na lingomba atuni ete, "Nakoki kodefa ndambo na misolo na lingomba mpona makambo na ngai? Nakoki kozongisa yango nioso sima na tango moke." Soki mokambi na lingomba azongisi ete, ekosala solo eloko te," bongo mokambi azali kolakisa ye eloko oyo ezali solo kotelemela mokano na Nzambe, boye ye azali Konyokola na molimo ndeko na ye mondimi.

Bongo soki lisanga moke na bakambi bakoloba ete, "Tozali kobika mpenza na kati na mokili na misala mingi na mikolo oyo. Lolenge nini tokoki kokutanaka mingi?" mpe azali kolakisa bandimi na kolandelaka mingi mpenza mayangani na lingomba te, azali kolakisa na solo na Nzambe te, mpe azali komema bandeko bandimi na kobeta mabaku (Baebele 10:25). Mpe ekomami, "Soki mokufi miso akokamba mokufi miso na nzela, bango mibale bakokweya na libulu" (Matai 15:14).

Bongo, kolakisa bandimi misusu ba sango na lokuta mpe komema bango na kobeta libaku na mosika na solo na Nzambe ezali lolenge na koboma na molimo. Kopesaka bandimi ba sango na lokuta ekoki komema bango na komona minyokoli mpona tina moko te. Yango tina bakambi na lingomba na makoki na kolakisa bandimi basusu basengeli kobondela makasi liboso na Nzambe mpe bapesaka ba sango malamu, to mpe basengeli kotuna mituna na bango epai na mokambi mosusu oyo akoki na malamu kozwa ryano esengeli epai na Nzambe mpe amema bandimi oyo bazali kokola na nzela malamu.

Lisusu, kolobaka makambo oyo moto asengeli ten a koloba, to mpe kolobaka maloba mabe ekoki kokweya kati na ngambo na koboma na molimo. Kolobaka makambo mazali kokatela mabe to mpe kosambisaka basusu, kobandisaka lingomba na Satana na kotongaka, to mpe komemaka bokabwani kati na bato mizali nioso ba ndakisa na komema moto mosusu na koyina to mpe na kosala mabe.

Mabe koleka ezali na tango bato bazali kopanza ba sango na lokuta likolo na mosali na Nzambe, lokola pateur, to mpe likolo na egelesia moko. Makambo mana makoki komema ebele na bato ete bakweya, nde na bongo ba oyo bazali kopanza ba sango wana bakokutana solo na kosambisama liboso na Nzambe.

Na bisika misusu, tomoni bato misusu kosala milimo na bango moko mabe mpona mabe kati na mitema na bango. Ndakisa na baton a lolenge wana ezali Bayuda ba oyo bamekaka koboma Yesu__Ata soki Ye Azalaki kosala kati na solo__to mpe Yudasi Mokaliota ye oyo asalaka Yesu mabe na kotekisaka Ye epai na Bayuda mpona ba palata ntuku misato.

Soki moto akokweya sima na komona bolembu na moto mosusu, moto wana asengeli koyeba ete ye mpe azali na mabe, kati na ye mpe lokola. Ezalaki na ba tango wapi bato batalaka na Mokristo na sika oyo naino atikala kobwakisa bizaleli na ye na kala te mpe bakolobaka ete, "Bongo ye mpenza amibengi mpe Mokristu? Nazali kokende lingomba te likolo na ye." Yango ezali likambo esika wapi bango moko bazali komibetisa mabaku. Moto moko te amemi oyo epai na bango; kasi bango moko komisalaka mabe longwa na mabe na bango moko mpe motema na kosambisaka.

Na kati na makambo misusu, bato bakoki kokende mosika na Nzambe sima na bango koyoka pasi na moto oyo oyo bandimeli ete ye azali Mokristo makasi, na kolobaka ete ye asalaki kati na solo te. Soki kaka bango batalelaki Nzambe mpe Nkolo Yesu

Christu, baligaki kobeta libaku te, soko mpe te balongwa na nzela na lobiko.

Ndakisa, ezalaka na ba tango wapi bato bakobetaka mokoloto mpona moto mosusu oyo bango bandimelaka mpe bakotosaka, kasi mpona ntina moko likambo ikoki kotambola malamu te, to mpe moto batielaki mokoloto akutani na ba kokoso. Mpona yango, ebele na bato bakoyokaka mabe mingi mpe bango bakolembaka. Na tango makambo na lolenge eye masalemi, basengeli na kososola ete likambo lisalemi etalisi ete kondima na bango ezalaki kondima na solo te, mpe basengeli kotubela mpona kozanga botosi na bango. Bazali ba oyo batosaki te Nzambe na tango Alobaki na biso ete totelemela moto moko ten a tina na nyongo (Masese 22:26).

Nde soki solo bozali na motema malamu mpe na kondima na solo, na tango bomoni bolembu na moto mosusu, bosengeli kobondela na tina na ye na motema na mawa mpe bozela mpona ntina na ye ete abongwana.

Lisusu, bato misusu bakoki kokoma libaku mpona bango moko sima na bango komiyokisa mabe na tango bazali koyoka Liloba na Nzambe. Soki, na ndakisa, pateur azali kopesa mateya likolo na lisumu na lolenge moko boye, ata soki Pasteur atikala kokanisela yango te, ata kotanga ba nkombo na bango te, bango bakokakisaka ete, "Pateur azali kolobela ngai! Lolenge nini akoki kosala boye liboso na bato ebele boye?" Nde sima bakolongwa egelesia.

To na tango pateur akolobaka ete moko na zomi ezali na Nzambe mpe Nzambe Akopambolaka ba oyo bapesi moko na zomi, bato misusu bakoimakaimaka ete egelesia ekobetisaka sete makasi likolo na misolo. Nde na tango Pasteur azali kotatola likolo na nguya na Nzmabe mpe bikamwa na Ye, bato misusu bakolobaka ete, "yango mpenza ezali na tina epai na ngai," mpe bakoyimaka imaka ete mateya makofanda malamu ten a mayebi mpe koyekola na bango. Niooso oyo mazali malakisi na bato bamizokisi bango moko mpe bakomisalela libaku na bango moko kati na mitema na bango.

Yesu Alobi na Matai 11:6 ete, "Lipamboli epai na ye oyo akoyoka nsoni mpona Ngai te,» mpe Yoane 11 :10 Alobi été, 'Nde soki moto akotambola kati na butu, akotaa libaku , pamba te pole ezali kati na ye te." Soki moto azali na motema malamu mpe na mposa na kozwa solo, akobeta libaku te to mpe akokweyaka te mosika na Nzambe, mpo ete Liloba na Ye, oyo ezali pole, ekozala elongo na ye. Soki moto akweyi mpona libaku to mpe azokisami na eloko moko, etalisi kaka ete molili ezali naino kati na ye.

Ya solo na tango moto abetisami libaku na pete, ezali elembo ete ye azali soko na bolembu kati na kondima to mpe molili kati na motema na ye. Kasi moto oyo azali kozokisa moto mosusu azali mpe na ba mbeba mpona misala na ye moko. Mpona ye oyo akomema sango epai na moto mosusu, ata soki oyo elobi ye ezali mpenza solo,, asengeli kopesa yango na mayele, kolandana na etape kati na kondima na moyambi.

Soki boyebisi mondimi na sika oyo awuti koyamba Molimo mosantu, "Soki olingi kobikisama, tika komela makaya mpe masanga," to "osengeli soko te kofungola bombongo nay o na mokolo na eyenga,' 'Soki osali lisumu na kotika kobondela, ekokoma efelo kati na yo na Nzambe, bongo sala ete okoyaka kati na egelesia mpe obondela mikolo nioso," yango ekokani koleisa misuni na mwana bebe oyo asengelaki na komela mabele. Ata soki Mokristo na sika atosi mpona kotindikama, akokanisa ete "Ah, kozala Mokristo ezali mpenza pasi mingi," mpe bakoki koyoka kilo, mpe na kala te to mpe sima na tango, bakotika kondima na bango mpe bakolongwa.

Matai 18:7 elobi ete, "Mawa na mokili mpona makambo na nsoni. Makambo na nsoni makozanga te, nde mawa na moto oyo akoyeisa yango!" Ata soki okoloba eloko mpona bolamu na moto mosusu, soki oyo elobi yo ekomema pasi epai na moto mosusu to mpe apengwa na Nzambe, yango ebengami koboma na molimo, mpe solo bokokutana na mimekano mpona kofuta motuya na lisumu oyo.

Bongo soki bokolingaka Nzambe, mpe soki bokolingaka basusu, bosengeli kosalela komikanga kati na liloba nioso oyo bino bokolobaka, mpo ete maloba na bino emema ngolu mpe mapamboli epai na bato nioso oyo bazali koyoka. Ata soki bozali kolakisa moto mosusu kati na solo, bosengeli na komitia na esika na ye mpe na kotala soki oyo elobi bino ezali kofunda ye to mpe komema nkanka kati na motema na ye, to mpe ekopesaka elikia mpe makasi mpona kosalela malakisi kati na bomoi na ye, mpo ete moto nioso bozali koteya akoka kotambola nzela na nkembo na bomoi kati na Yesu Kristu.

Koboma na Molimo na Koyinaka Ndeko Mosusu

Koboma na molimo na mibale ezali koyina ndeko mobali mosusu to oyo na mwasi kati na Kristu.

Ekomama kati na 1 Yoane 3:15 ete, ""Moto na moto oyo akoyinaka ndeko na ye azali mobomi na bato,mpe toyebi ete moto na moto oyo akobomaka bato azali na bomoi na seko koumela kati na ye te."

Yango ezali mpo ete na momesano, mosisa na koboma ezali koyina. Na ebandeli, moto moko akoki koyina moto mosusu kati na motema na ye. Kasi tango koyina wana ekoli, ekoki komema ye na kobimisa mosala na koyina mpona moto wana mosusu, mpe na suka, koyina oyo ekoki komema ye ata na koboma. Na likambo mpe na Kaina, nioso ebandaki na tango Kaina abandaki na koyina Abele ndeko na ye mobali.

Yango tina kati na Matai 5:21-22 elobi ete, "Bosili koyoka lokola baton a kala balobaki ete, 'Boma moto te, mpe ete, 'ye oyo akoboma moto akozala na likambo epai na esambiselo. Ye oyo akoloba na ndeko na ye ete, YO zoba! Okozala na likambo na

Koyangana –na-mikolo.Ye oyo akoloba ete, 'Yo ebebe,' ekoki ete akenda na Geena na moto."

Na tango moto azali koyina bato misusu kati na motema na ye, nkanda na ye ekoki komema ye ete abunda na bango. Mpe soki eloko malamu ekomeli moto oyo ye azali koyina, akoki kozuama na zua mpe na kosambisaka, kokatelaka mabe moto yango mosusu na kopalanganisaka maloba likolo bolembu na ye. Akoki kokosa ye mpe komemela ye pasi, to mpo kokoma enemi na ye. Koyina moto mosusu to mpe kosalela moto mosusu kati na mabe mizali ba ndakisa na koboma na molimo.

Kati na Kondimana na Kala, mpo ete nainio Nzambe Atindaka Molimo Mosantu te, ezalaki pete te mpona bato bakatama ngenga kati na motema mpe babulisama. Kasi sasaipi, kati na Kondimana na Sika, mpo ete tokoki kozwa Molimo Mosantu kati na mitema na biso, Molimo Mosantu Azali kopesa na biso nguya na kolongola ata mozindo na motema na masumu.

Kozala moto na Nzambe Misato, Molimo mosantu Ezali lokola mama oyo alandelaki na mozindo mpenza makambo oyo Azali kolakisa biso likolo na motema na Tata. Molimo mosantu Alakisaka biso mpona masumu, boyengebene, mpe esambiselo, na bongo kosungaka biso tobika kati na solo. Yango tinatokoki kobwaka ata elilingi moke na masumu.

Yango tina Nzambe Akolobelaka kaka ban aba Ye te ete batikala na koboma na mosuni te, kasi Alobeli biso mpe lisusu kolongola ata mosisa na koyina kati na mitema na biso. Kaka na tango tokoki kobwakisa mabe na lolenge nioso kati na mitema na biso mpe totondisi yango na bolingo, nde tokoka solo koingela kati na bolingo na Nzambe mpe tosepela elembo na bolingo na Ye(1 Yoane 4:11-12).

Na tango tolingi moto, tokomonaka mabe na ye te. Mpe soki yango azali na bolembu, tokoyokela ye mawa, mpe na motema na kolikia, kopesa na ye makasi mpe kopesa ye ngoya na kombongwana. Na tango tozalaki naino basumuki, Nzambe Apesaka na biso bolingo na lolenge oyo mpo ete tokoka kozwa lobiko mpe tokened na Lola.

Bongo tosengeli kaka te kotosa Malako ma Ye ete, "Okoboma te," kasi tosengeli mpe kolinga bato nioso---ata bayini na biso---na bolingo na Kristu mpe tozwa mapamboli na Nzambe na ba tango nioso. Mpe na suka, tokokota na esika eleki kitoko kati na Lola mpe koingela kati na bolingo na Nzambe mpona libela.

Chapitre 8
Mobeko na Sambo

"Okosala Ekobo Te"

Esode 20:14

"Okosala ekobo te."

Ngomba Vesuvius, eye ezali na ngele na Italie, ezalaka volcan na mosala eye ezalaka kaka kobimisa moto mbala na mbala, kasi bato bakanisaka ete ezalaka kaka kokomisa mokili na Pompei kitoko.

Na sanza na Aout 24, 79 A.JC, pembeni na minuit, lokola koningana na mokili ekobaki na komata, lipata na lolenge na liyebo ebimaka likolo na Ngomba na Vesuvius mpe ezipaka mapaya likolo na Pompeii. Na explosion makasi, likolo na ngomba epasukaki na kofungwama mpe mabanga manangwama mpe putulu mabandaki kotiola kati na mokili.

Na mua miniti moke, ebele na bato baufaka na tango babiki bakimaki na ocean na mai monene mpona ba bomoi na bango, boye eloko na mabe koleka eye ekokaki kosalema esalemaki. Mopepe na mbala moko ekomaki makasi mingi mpe epepaki kati na mai.

Lisusu molunge makasi mpe gaz toxique izipaka baton a Pompeii ba oyo bawutaka kokima mto na volcan na kokimaka kati na mai, mpe ekangaki ba pema na bango nioso.

Pompeii ezalaki mboka oyo etondisamaka na pite mpe na bikeko. Mokolo na yango na suka ekanisisi biso mpona Sodomo na Gomola kati na Biblia eye ekutanaki na kosambisama na Nzambe na moto. Makambo na ba mboka wana ezali bososolisi malamu mingi na lolenge kani Nzambe Ayinaka mitema na bilulela mpe bongumbameli na bikeko. Yango etalisami malamu kati na Mibeko Zomi.

"Okosala Ekobo Te"

Ekobo ezali bosangisami na nzoto kati na mobali mpe mwasi ba oyo bazali babalani te. Na kala kala, Ekobo ezalaka mpenza eloko na mabe mingi. Kasi lolenge kani mpona lelo? Mpona kokolisama na mayele na ordinateur mpe na Internet, bakolo, mpe ata bana bakoki kotala makambo na nsoni na misapi na bango mpenza.

Makambo matali bosangisi na nzoto makomi na mikolo na lelo mpenza pamba ete bilili na nzoto bolumbu mikolakisama na bitando mike, ba filme, to mpe ata na ba dessin anime na bana. Mpe kolakisa biteni kati na nzooto epanzani mpenza nokinoki na lolenge na kokoma ezaleli. Mpe lifuti na yango, bososoli mabe mpona sex epanzani mpenza mbangu.

Koyeba solo mpona likambo oyo, tika ete totanga limbola na mobeko na Sambo. "Okosala Ekobo Te," kati biteni misato.

Ekobo na Misala

Sense na morale na lelo kati na bato ezali mabe koleka ekeke nioso na liboso. Mingi kati na ba filme mpe na bitando mike, ekobo etalisami na elilingi malamu mingi lokola bolingo. Mpe mikolo oyo nioso, mibali babala te mpe basi babali te bakipesaka ba nzoto na bango na pete mpe bakosangana na ba nzoto ata liboso na libala, na kokanisaka ete, "Ezli malamu mpo ete biso tokobalana na mikolo liboso." Ata babalani na mibali mpe na basi bakotatolaka na miso na bato ete bazali na ba makango. Mpe likambo mabe koleka, ba mbula oyo bato bazali kokota na bosangani na nzoto ekobi na kokita mpe na kokita.

Soki bokotala na mibeko oyo ezala na tango Mibeko Zomi mipesamaka na Mose, bato oyo bazalaki kosala misala na ekobo bapesamaki etumbu makasi mingi. Ata soki Nzambe Azali bolingo, ekobo ezali lisumu eye ekoki kondimama te, yango tina Akati mongelo malamu mpe Apekisi yango.

Lewitiko 20:10 elobi ete, "Soko moto asali ekobo na mwasi na moninga na ye mbe mobali na ekobo mpe mwasi na ekobo bakobomama." Mpe na ekeke na Kondimana na Sika, mosala na ekobo emonani lokola lisumu eye ezali kobebisa nzoto mpe molema mpe ekopekisela moto na ekobo lobiko.

"Boyebi te ete baton a masumu bakosangola libula na Bokonzi na Nzambe te? Bomizimbisa te, moto na pite mpe basambeli na bikeko mpe bato na ekobo mpe bakembi na nsoni mpe mibali bamibebisi na mibali mpe bayibi mpe bato na bilulela mpe balangwi masanga mpe batuki mpe babotoli bakosangola bokonzi na Nzambe te » (1 Bakolinti 6 :9-10).

Soki mondimi na sika asali lisumu oyo likolo na kosanga na kososola solo, akoki kozwa ngolu na Nzambe mpe azwa libaku malamu na kotubela mpona masumu ma ye. Kasi soki moto oyo asengeli kozala mondimi oyo akola kati na molimo na bososoli na solo na Nzambe akokoba na kosala lisumu na lolenge oyo, ekozala pasi mpona ye na kozwa ata molimo na tubela.

Lewitiko 20:13-16 elobeli likolo na lisumu na kosangana nzoto na nyama mpe lisumu na kozala na bosangisi na nzoto mobali na mobali. Na mikolo mpe ekeke oyo ezali na ba mboka oyo endimi makambo oyo; kasi, yango ezali likambo mabe mingi liboso na Nzambe. Bato misusu bakoki kozongisa na koloba ete, "Tango ebongwani," kasi ata tango yango ebongwani na lolenge nini, to mpe mokili yango embongwani na lolenge nini, Liloba na Nzambe, oyo Ezali solo, ekombongwanaka te. Na boye soki moto azali mwana na Nzambe, asengeli ten a komibebisa na kolandaka lokolo na mokili oyo.

Ekobo kati na Makanisi

Na tango Nzambe Azali koloba mpona ekobo, Azali kaka koloba likolo na mosala na kosala ekobo te. Mosala na komonana na kosala ekobo ezali likambo na polele na ekobo, kasi kozwa esengo na kokanisaka to mpe na kotalaka misala na pite yango mpe ekoti kati na ngambo na ekobo.

Makanisi na kolula ememaka moto na kozala na motema na bilulela; mpe yanngo ezali likambo na kosalaka ekobo kati na motema. Ata soki moto akokaki kosala eloko moko ten a nzoto na ye, soki, na ndakisa, mobali amoni mwasi mpe asali na ye ekobo kati na motema na ye, Nzambe, oyo Atalaka na kati na mitema na bato, Akomona yango lolenge moko na kosalaka ekobo na mosuni.

Elobi kati na Matai 5:27-28 ete, "Boyoki ete balobaki boye, 'Sala ekobo te.' Nde Ngai Nazali koloba na bino ete, 'ye nani akotala mwasi na mposa mmabe na ye, asili kosala na ye ekobo na motema na ye. Sima na likanisi na masumu kokota kati na makanisi na moto, ekokkende kati na motema na ye mpe bongo ekotalisama kati na misala. Kaka sima na koyina kokota motema na moto nde ye akobanda kosala makambo na komemela basusu pasi. Nde kaka sima na kands kotongama kati na motema na moto nde ye akokoma na nkanda mpe akolakela mabe.

Na bongo, na tango moto azali na ba posa na kolulela kati na motema na ye, ekoki na pete kokoba kati na ekobo na nzoto. Ata soki yango ekomonana te, soki moto asali ekobo kati na motema na ye, asilaki kosala ekobo, mpo ete mosisa na lisumu yango ezali lolenge moko.

Mokolo moko, na mbula na ngai na liboso kati na kelasi na seminaire, natutisamaki makasi kati na motema sima na ngai koyoka etuluku na ba Pasteur kolobaka likambo. Kino tango wana Nalingaka kaka mpe nazalaki na botosi mpona basali na Nzambe mpe Nazalaki kosalela bango lokola nasengelaki kosalela Nkolo. Kasi na suka na lisolo na moto mingi mpenza, bango bayaki na kosukisa ete "soki yango ezalaki na makasi te, kosala ekobo kati na motema ezalaki lisumu te."

Na tango Nzambe Apesaka na biso Mobeko eye, "Okosala ekobo te," Ye Apesaki yango na biso te mpo ete Ayebaki ete biso tokobika na yango te? Mpo ete Yesu Aloba ete, "Nalobi na bino ete ye nani nani akotalaka mwasi kati na motema na ye na ba mposa mabe na ye na kolula, asili kosala na ye ekobo kati na motema," tosengeli kaka kolongola ba posa mabe wana na kolula. Ezali eloko moko ten a kobakisa. Solo, ekoki kozala makasi na kosala yango na makasi na biso moko na bomoto, kasi kati na mabondeli mpe kokila bilei, tokoki kozwa makasi na Nzambe mpona kolongola na pete bilulela kati na motema.

Yesu Alataka motole na nzube mpe Atangisaka makila ma ye mpo na kosukola masumu tokosalaka na makanisi na biso mpe na mayele na biso. Nzambe Atindela biso Molimo Mosantu mpo ete tokoka mpe kolongola mosisa na masuumu kati na motema. Bongo, nini mpenza esengeli na biso kosala mpona kolongola ba mposa mabe kati na mitema na biso?

Bitape Mpona Kolongola Ba Mposa Mabe Kati na Mitema na Biso

Toloba ete ndakisa ete mwasi kitoko to mpe mobali kitoko aleki na nzela, mpe bokokanisaka ete, "Eeh, ye azali mpenza bonzenga," to "Azali kitoko," "Nakolinga kobima mpenza na ye," to "Nakolinga kolinga ye." Bazali mingi te oyo bakomona yango lokola ba mposa mabe to na kolulela. Kasi, soki moto moko akolobaka maloba oyo mpe alobeli yango mpenza, bongo ekozala elelmbo na bilulela. Mpona kolongola ata bilembo mike wana na kolula, tosengeli koleka na nzela na kobundisa mpenza masumu.

Na momesano, na mingi okoboyaka kokanisa mpona eloko, yango mpe ekoluka komata kati na makanisi nay o. Sima na komonaka elilingi na mobali mpe mwasi kosalaka ekobo kati na filme, elilingi ekolongwa bongo nay o te. Kasi kutu, elilingi ekokoba kolakisama kati na bongo na yo mbala na mbala. Kolandana na makasi nini elilingi yango etutaki motema na bino, molayi yango mpe ekoluka kotikala kati na makanisi na bino.

Bongo eloko nini tosengeli kosala mpona kolongola makanisi oyo na kolula kati na makanisi na biso? Yambo, tosengeli kosala makasi mpona kokima masano yango, ba magazine, to mpe makambo na lolenge, izali kotalisa bilili mizali komeka biso mpo ete tozala na makanisi na bilulela. Mpe na tango makanisi na kolula ekoti makanisi na biso, tosengeli kobongola lolenge na makanisi na biso. Toloba ete makanisi na bilulela ekomata mata kati na ba bongo na biso. Esika na kotika yango kokoba, bosengeli kotelemela yango na mbala moko.

Bongo na lolenge bozali kobongola makanisi na lolenge oyo na makanisi malamu, na solo, mpe na kosepelisa epai na Nzambe, mpe bokokobaka na kosambela, kosengaka lisungi na

Ye, Akopesa solo epai na bino makasi na kobunda mimekano na lolenge wana. Na lolenge bokolikiaka na kobondela na mposa, ngolu mpe nguya na Nzambe ekokitela bino. Mpe na Lisungi na Molimo mosantu, bokokoka kolongola makanisi mana na masumu.

Kasi likambo na motuya mpona kokanisa awa ezali ete bosengeli te kotika sima na komeka mbala moko to mbala mibale. Bosengeli kokoba na kobondela kati na kondima kino bololo na suka. Ekoki kozwa sanza moko, mbala, to mpe at aba mbula mibale to misato. Kasi ata molayi nini yango ekoki kozala, bosengeli tango nioso kotia elikia epai na Nzambe mpe kobondela na kotika te. Nde bongo Nzambe Akopesa bino makasi na mokolo moko mpona kokweisa mpe kobwaka ba mposa mabe kati na mitema na bino na mbala moko mpe mpona libela.

Na tango oleki esika wapi okoki "Kopekisa Makanisi Mabe," okokota sasaipi na esika wapi okoka "Kokonza Motema na Yo." Na esika oyo, ata soki omoni elilingi na kolula, soki ozwi ekateli kati na motema nay o ete, "Ekozala malamu mpona ngai nakanisa mpona oyo te," bongo likanisi ekokota lisusu yo te. Bilulela kati na motema eyaka na nzela na lisanga na makanisi mpe koyoka na nzoto, nde soki okoki kokonza makanisi nay o, masumu maye mayaka na nzela na makanisi makoki te kokotela motema nay o.

Elandi ezali na tango ete "Makanisi masengela te

makobandisama lisusu te. Ata soki omoni elilingi na nsoni, makanisi na yo makosimbama lisusu te, nde boye bilulela ekoki lisusu te kokota kati na motema na yo. Etape elandi ezali etape esika wapi "Bokoki te ata na Mposa na Bibo moko Kozala na Makanisi Masengela Te."

Na tango bokoki na esika oyo, ata soki bokomekaka kozala na makanisi na kolula, ekoki kaka kosalema te. Mpo ete bisili kopikola lisumu yango longwa na mosisa na yango, ata soki bokomona elilingi na nsoni kotumbola moto, bokozala na likanisi soko na koyoka soki nini mpona yango. Yango elakisi ete bilili na bozangi solo---to mpe bozangi bonzambe makoki soko te kokota makanisi na bino.

Ya solo na tango bozali kokende na etape na kolongola lisumu oyo, ekoki kozal na ba tango wapi bokokanisa ete bolongoli nioso, kasi lisumu yango ekozongaka kati na bino na lolenge moko.

Kasi soki bokondimelaka Maloba na Nzambe, mpe bozali na mposa na kotosa mibeko ma Ye mpe kolongola masumu na bino, bokotikala na kotelema esika moko te kati na kotambola na bino kati na kondima. Ezali lokola kopalola litungulu. Na tango bolongoli poso moko to mpe mibale, ekoki komonana lokola yango ekosilaka soko te, kasi sima na kolongola ba poso mingi na kati, bokososola ete nioso esilaki na kolongolama.

Bandimi oyo bakomitalelaka kati na kondima bakomilembisaka soko te, na kokanisaka ete, "Nameka mpenza nioso esengelaki na ngai, kasi naino nasili kolongola lolenge na lisumu oyo kati na motema na ngai te." Kutu, basengeli kozala na kondima ete bakombongwana na lolenge bazali komeka kolongola masumu. Mpe na yango kati na makanisi na bango, basengeli koyika mpiko ata na koleka. Soki bososoli ete bozali naiino na lisumu yango kati na motema, bosengeli kutu koppesa mmatondii ete libaku malamu na kolongola yango epesami mpona kolongola yango.

Soki, na nzela na kokende mpona kolongola kolula kati na bomoi nay o, likanisi na kolula ekoti kati na bongo nay o mpona ngonga mooko, komitungisama te. Nzambe Akomona yango lokola kosala ekobo te. Soki okoumela kati na likanisi yango mpe otiki yango ekoba kati nay o, bongo ekokoma lisumu monene, kasi soki otubeli na mbala moko mpe okobi kati na molende nay o na koobulisama, Nzambe Akotala yo kati na ngolu mpe Akopesa nay o nguya mpona kozala na elonga likolo na lisumu yango.

Kosala Ekobo na Molimo

Kosala ekobo kati na nzoto ebengami kosala ekobo kati na mosuni, kasi likambo makasi kooleka kosala ekobo na mosuni ezali kosala ekobo kati na molimo. "Ekobo na Molimo" ezali na tango moto azali koloba ete azali mondimi nde bongo akolingaka mokili koleka Nzambe. Soki bokanisi mpona yango, ntina mpenza na yango mpona moto wana asala ekobo na nzoto ezali mpo ete azali na bolengi eleka mpona bisengo na mosuni koleka bolingo mpona Nzambe kati na motema na ye.

Bakolose 3:5-6 etangi ete, "Bongo, boboma bizalelli na bino biuti nan se; pite, mbindo, mposa na nzoto, mposa mabe mpe bilulela oyo ezali losambo na bikeko. Nkanda na Nzambe ezali koya mpona makambo na ndenge yango." Yango elakisi ete ata soki toyambi Molimo Mosantu, tomoni bikamwa na Nzambe, mpe tozali na kondima, soki tokolongola moyimi na biso te mpe ba mposa mabe te kati na mitema na biso, bongo nde tokolinga biloko na mokili koleka Nzambe.

Toyekolaki kati na mobeko na mibale ete limbola na molimo na kongumbamela bikeko ezali kolinga eloko likolo na Nzambe.

Bongo nini ezali bokeseni kati na "kongumbamela ekeko na molimo" mpe "ekobo na molimo"?

Kongumbamela ekeko ezali tango bato oyo bayebi Nzambe te bakomisalela elilingi na lolenge moko boye mpe bakongumbamela yango. Limboola na molimo na "kongumbamela ekeko" ezali na tango bandimi na kondima elemba bakolinga biloko na mokili koleka Nzambe.

Mpona bandimi misusu na sika ba oyo bazali naino na kondima makasi te, ekoki kosalema ete baling mokili koleka Nzambe. Bakoki kozal na mituna lokola, "Bongo Nzambe Azalaka solo?" to "Bongo Lola mpe lifelo izalaka solo?" Mpo ete bazali naino na tembe, ezali pasi mpona bango kobika kolandana na Liloba. Bakoki kokoba na kolinga misolo, koyebana, to mpe mabota na bango koleka Nzambe, nde bongo kongumbammela ekeko na molimo.

Kasi, na lolenge bazali koyoka Liloba koleka mpe lisusu, mpe lolenge bakosambelaka mpe bakomonaka mabondeli na bango koyanolama na Nzambe, babandi kososola ete Biblia ezali solo. Nde boye bakoki kondima ete lola mpe lifelo ezalaka solo. Na boye, bayei na kososola été tina wapi basengeli solo kolinga Nzambe likolo na nioso. Soki kondima na bango ekokola na lolenge oyo, mpe bakobi na kolinga mpe kolanda biloko na mokili oyo, bongo nde bakosalaka "ekobo na molimo."

Toloba ete ndakisa, ezalaki na moto oyo azalaki na likanisi lokola ete, "Ekozala malamu mpona kobala mwasi wana," mpe mwasi yango esalemi ete abala mobali mosusu. Mpona oyo, tokoki te koloba ete mwasi yango asali ekobo. Mpo ete moto oyo azalaki na likanisi na kolikia azalaki kaka na kolinga, mpe mwasi azalaki na eloko moko ten a mobali oyo, tokoki te koloba ete asali ekobo kati na motema. Kolimbola malamu na koleka, mwasi yango azalaki kaka ekeko kati na motema na mobali.

Na loboko mosusu, soki mobali mpe mwasi balinganaka, bakobi na bolingo na bango mponna moko na moko, mpe babalani, nde sima mwasi azalaki na relation na ekobo na mobali mosusu, yango ekobengama koosala ekobo. Bongo bokoki komona ete kongumbamela ekkeko na molimo mpe kosala ekobo na molimo mizali lokola lolenge moko, kasi izali biloko mibale ekesana.

Lisangana kati na Bayisalele mpe Nzambe

Biblia etalisi boyokani kati na Bayisalele mpe Nzambe na boyokani kati na tata mpe bana na ye. Lisangana oyo ezali mpe lokola lisangana na mobali mpe mwasi. Yango ezali mpo été lisangana na bango ezali lokola bato babale basali kondimana na bolingo. Kasi, soki bokotala kati na lisituale na Yisalele, ezali na ba mbala mingi na tango bato na Yisalele babosanaki kondimana oyo mpe bangumbamelaki banzambe na bapagano.

Bapaya bangumbamelaki bikeko mpo ete bayebaka Nzambe te, kasi bayisalele, ata soki bayebaka Nzambe malamu longwa na ebandeli, bangumbamelaki banzambe na bikeko mpona ba mpos na bango na mosuni.

Yango tina kati na 1 Bakolinti 5:25 elobi ete, "Kasi batombokelaki Nzambe na batata na bango mpe mpona mabe babilaki banzambe na mabota na mokili baoyo Nzambe Abebisaki bango liboso na bango," koloba ete solo 'kongumbamela bikeko' na Bayisalele, ezalaki solo, ekobo na molimo.

Yilimia 3:8 etangi ete, "Namoni ete, ata Nalongolaki

Yisalele, mozongi na nsima, mpo na ntina nioso na pite esalaki ye, mpe napesi ye mokanda na kolongolama, nde ndeko na ye mwasi na bokosi, ye Yuda, abangi te; kasi akendaki mpe asalaki pite lokola." Mpona likolo na lisumu na Solomo, na tango na bokonzi na mwana na ye Loboama, Yisalele ekabwanaki na ndambo na Yisalele na Likolo mpe Yuda na Ngele. Kala te sima na bokabwani oyo, Yisalele na Likolo esalaki ekobo na molimo na kongumbamelaka bikeko, mpe lokola lifuti, bakweyaka mpe babukanaki na nkanda na Nzambe. Bongo, Yuda na ngele, ata sima na komona makambo oyo nioso masalemaka kati na Yisalele na Likolo, esika na bango kotubela, bango mpe bakobaki na kongumbamela bikeko na bango.

Bana nioso oyo na Nzambe ba oyo bazali kobika kati na Kondimana na Sika bazali basin a libala na Yesu Christu. Yango yina ntoma Paulo atatolaki ete mpona oyo etali kokutana na Nkolo, asalaki makasi mpona kobongisa bandimi ete bazala basin a libala bapetolama mpona Christu, Ye oyo Azali mobali na bango (2 Bakolinti 11:2).

Bongo soki mondimi abengi Nkolo Mobali na Ngai," na tango ye akobi na kolinga mokili mpe azali kobika mosika na solo, bongo ye mwasi to mabali azali kosala ekobo na molimo (Yakobo 4:4). Soki mobali to mwasi akoki mobali/to mwasi na ye mpe asali ekobo na nzoto, ezali lisumu monene eye ezali pasi mpona kolimbisa. Soki moto akosi Nzambe mpe Nkolo mpe asali ekobo na molimo, boni makasi mingi lisumu na ye ezali? Kati na Yelemia chapitre 11, tokoki komona Nzambe kolobelaka Yelemia ete abondela na ntina na Yisalele te, mpo ete bato na Yisalele baboyaki kosalaka ekobo na molimo. Akobaki ata na kolobaka ete ata soki baton a Yisalele bangangaki epai na Ye, Ye Akoyokela bango te.

Bongo, soki monene na ekobo na molimo ekomi na esika moko boye, moto kosalaka yango akokoka te koyoka mongongo na Molimo Mosantu; nde ata abondeli na lolenge nini, libondeli na ye ekoyanolama te. Na lolenge moto akobi kokende mosika na Nzambe, akokoma na koleka moto na mokili, nde na suka akosuka na masumu minene eye ikomemaka na kufa-masumu lokola ekobo na mosuni. Lookola ekomama kati na Baebele chapitre 6 to chapitre 10, yango ezali lokola kobaka mbala na mbala na ekulusu Yesu Christu, nde bongo kotambolaka na nzela na kufa.

Na boye tika ete tolongola masumu na kosala ekobo kati na molimo, makanisi, to mpe na nzoto, mpe na komitambwisa ebulisama, tokutana na makoki na kokoma basin a libala na Nkolo---na na mbindo to mpe na mbeba moko te--- komemaka bomoi epambolama eye ememaka esengo kati na motema na Tata.

Chapitre 9
Mobeko na Libwa

"Okoyiba Te"

Esode 20:15

"Okoyiba Te."

Botosi na Mibeko Zomi ezali na likambo na lobiko na biso mpenza mpe makoki na bison a kolonga, kokotela, mpe na kokonza likolo na nguya na moyini zabolo mpe Satana. Epai na Bayuda, kotosa to mpe kozanga kotosa Mibeko Zomi etalisaki soki bazalaki ba oyo baponamaki na Nzambe to mpe te. Na lolenge moko, mpona biso kokoma bana na Nzambe, ezala tozali kotosa to mpe tozali kotosa te maloba na Nzambe etali soki tobikisami to mpe te. Yango ezali mpo ete botosi na biso na Mibeko na Nzambe Mikela lolenge mpona kondima na biso. Bongo botosi na Mibeko Zomi ekangama na lobiko na biso, mpe mibeko mana mizali mpe mabombami na bolingo na Nzambe mpe na mapamboli mpona biso.

"Okoyiba te."

Ezali na lisese na kala na Coree kolobaka ete, "Moyibi na tonga, akomaka moyibi na ngombe." Yango elakisi ete soki moto akosala likambo moke mpe bapesina ye etumbu te, mpe akobi na kozongela misala mabe, kala mingoi te akosukaka na kosala likambo monene na koleka, na ba consequence mabe. Yango tina Nzambe Akebisi biso ete "Okoyiba te."

"Oyo ezali lisolo na moto moko na nkombo na Fu Pu-Ch'I, Oyo etiamaki "Tsze-tsien" ye moko na bayekoli na Confucius, mpe commandant na Tan-fu na mboka mboka na Lu, na tango na Chunqiu (Printemp na Autumne) mpe na Tango yango. Ezalaki na sango ete basoda na mboka pembeni na Qi balingaki kokotela bango, mpe Fu Pu-ch'I apesaki motindo ete mapango na mboka mikangama makasi.

Esalaki ete ezalaki tango na kobuka mpe masango kati na bilanga etelaka mpona kobukama. Bato batunaki ete, 'Liboso na kokanga bikuke tokoki kobuka masango kati na bilanga, liboso na bayini koya?" Na koboya kotala bosenga na bato, Fu Pu – chi akangaki mapango. Na bongo bato babandaki na koyina ye, na kolobaka été ye alingaki bayini, nde boye abengisamaki epai na mokonzi mpona kotunama. Na tango mokonzi na mboka atunaki ye mpona misala na ye, Fu Pu Chin ayanolaki été, « Iyo, ezali solo kobungisa monene mpona biso soki bayini na biso bakamaki masango na biso nioso, kasi soki bato na biso kati na lombango, bakoti kati na bizaleli na kolokota masango kati na bilanga ezali na bango te, ekozala pasi mpona kolongola bango na bizaleli oyo ezali na bango te, ata sima na b ambula ata zomi." Na koloba na lolenge oyo Fu Pu ch'i azwaki kotosama monene epai na mokonzi.

Fu Pu ch'I akokaki kotika bato bazwa masangu lolenge esengaki bango, kasi soki bayekoli na lolenge na komilongisa na misala na bango mabe na koyiba biloko na bilanga na moto mosusu, nde boye ba consequences na suka ekokaki kozala mabe epai na bato mpe mboka na bango na mikolo o liboso.

Bongo "koyiba" elakisi ete kosimba eloko na lolenge na mabe na makanisi mabe; to mpe kokamata eloko oyo ezali na moto yango te, to mpe na lokuta kozwa eloko na moto moko.

Kasi koyiba eye Nzambe Azali kolobela ezali mpe na mozindo mpe limbola monene na molimo mpe lokola. Bongo nini ekoti kati na limbola na "koyiba," kati na mobeko na mwambe?

Kokamata Biloko na Moto Mosusu: Limbola na Mosuni na Koyiba

Solo Biblia epekisi solo koyiba, mpe etalisi mibeko misengela mpona nini esengeli na kosalema na tango moto ayibi (Esode 22).

Soki nyama na koyiba amonani na bomoi na maboko na moyibi, moyibi asengeli na kozongisa epai na mokolo na yango mbala mibale na motuya eye eyibaki ye. Soki moto ayibi nyama mpe akati yango to mpe atekisi yango, asengeli kofuta epai na nkolo na yango mbala mitano na koleka mpona ngombe mpe mbala minei mpona mpate. Ata soki eloko yango ezali nini, kokamata biloko na moto moko ezali koyiba, oyo ata mokili ekobengaka koyiba mpe mpona oyo ezali na etumbu esengela.

Pembeni na koyiba eye emonani mpenza na miso, ezali bisika wapi bato bakokaki koyiba na kobwakisa makambo. Ndakisa, na bomoi na bisona mikolo nioso, tokoki kozala na bizaleli na kosalelaka biloko na bato misusu na kosenga te mpe na kokanisaka mingi te. Tokoki ata toyoka mabe ten a kosalelaka yango soki nzela epesameli biso te, mpo ete tango mosusu toyebani na moto yango te to mpe eloko tozali kosalela ezali na motuya mingi te.

Ezali likambo moko na tango tokosalela biloko na molongani na bison a kosenga nzela te. Ata na esika na kosengela, soki tosaleli biloko na moto mosusu na ye kopesa biso nzela te, na tango tokosilisa kosalela yango, tosengeli kozongsa yango na mbala moko. Kasi, ezali na ba tango mingi na tango tokozongisa yango soko te.

Yango ezali kaka koomemela kobungisa epai na moto; ezali mosala na kozanga botosi epai na moto yango. Ata soki yango ekoki komonana lokola mbeba monene te kolandana na mibeko na mboka, yango emonani lokola koyiba na miso na Nzambe. Soki moto azali solo na motema petwa, mpe ye akamati eloko-ata moke na lolenge mingi mpe motuya te kati na yango epai na moto mosusu, ye akoyoka malamu te mpona likambo yango.

Ata soki toyibi te to mpe tokamati eloko na makasi te, soki tokozwaka biloko na moto mosusu na lollenge esengela te, ekobengama kaka koyiba. Kosalela ebonga to mpe pete na moto mpona kozwa kanyaka ekokota mpe na ngambo oyo. Esode 23:8 ekebisi, "Okokamata kanyaka te, mpo ete kanyaka ekoboma miso na batali, mpe ekobebisa likambo na bato sembo."

Batekisi na motema malamu bakoyoka mabe na tango bakotumbaka motuya epai na basombi na bango mpona kozwa mingi mpona bango moko. Ata soki bayibaki biloko na moto nan kuku te, likambo oyo ebengami kaka koyiba mpo ete bazwaki oyo elekaki lifuti na bango.

Koyiba na Molimo: Kokamata nini Ezalaki na Nzambe

Pembeni na "koyiba" esika wapi bokokamata biloko na moto mosusu na kopesama na nzela te, ezali na "koyiba na molimo" esika wapi okamati epai na Nzambe na kopesamela nzela te. Yango ekoki solo kopekisa lobiko na moto.

Yudasi Mokaliota, moto na bayekoli na Yesu, azalaki na esika na kokamba mabonza nioso eye bato bapesaka sima na kobikisama mpe na kopambolama na Yesu. Kasi na koleka na tango, moyimi ekotaki kati na motema na ye, mpe abandaki koyiba (Yoane 12:6).

Kati na Yoane chapitre 12, esika wapi Yesu akendaki kotala ndako na Simona na Betani, tokutani na likambo esika wapi mwasi ayaki mpe asopaki malasi na motuya likolo na Yesu. Na komonaka boye, Yudasi apamelaki ye, na kotunaka mpo nini malasi etekisamaki te mpe misolo kopesama na babola. Soki malasi na motuya etekisamaka, bongo ye, lokola mobateli na libenga na misolo, akkaki komisunga na misolo yamgo, kasi mpo ete esopamaka na makolo na Yesu, ayokaki ete yango ezalaki na motuya esopanaki pamba.

Sukasuka, Yudasi, oyo akomaki moumbu na misolo, atekisaki Yesu mpona makuta na palata ntuku misato. Ata soki azalaki na libaku malamu na nkembo mpona kobengama moko na bayekoli na Yesu, aponaki koyiba Nzambe mp e atekisaki molakisi na ye, komatisa masumu likolo na masumu. Likambo na mawa akokaki ata kozwa molimo na tubela te liboso na ye komiboma mpe akutana na suka na ye na nsomo (Misala 1:18).

Yango wana tosengeli kotala malamu mingi mpenza na nini ezali kosalema soki moto ayibi Nzambe.

Likambo na Liboso Ezali Soki Moto Akotiaka Liboko na Ye Kati na Libenga na Lingomba.

Ata soki esalemi ete moyibi azali mondimeli te, soki ayibi eloko na lingomba, akangemi na koyoka kobanga kati na motema na ye. Kasi soki mondimi atii maboko ma ye kati na misolo na Nzambe, lolenge kani akoki koloba ete azali ata na kondima mpona kozwa lobiko?

Ata soki bato batikali na koyeba te, Nzambe Amonaka makambo nioso, mpe tango ngonga ekobeta, Akokamba kosambisa na Ye na sembo, mpe moyibi akosengela kofuta motuya na masumu na ye. Soki moyibi azali na makoki na kotubela masumu na ye te. Soki azwi makoki na kotubela masumu na ye te mpe akufi na kozanga kozwa lobiko, boni somo yango ekozala ? Na tango wana ata mbala boi akobeta tolo na ye mpe akoregreter misala ma ye, ekozala trop tard. Asengelaki kutu te kobanda ata kosimba misolo na Nzambe.

Likambo na Mibale Ezali Soki Moto Abebisi Biloko na Egelesia to mpe Asaleli Misolo na Lingomba na Lolenge na Mabe.

Ata soki moto akokaki koyiba na mbala moko mabonza te, soki akosalela misolo mizwamaki mpona misolo na bandimi mpona sango malamu epai na bapaya to mpe kopesa mosusu mpona makambo na bango moko, yango ezali lolenge moko na koyiba Nzambe. Ezali mpe koyiba soki moto asombi biloko na bureau to mpe akendaki na libenga na lingomba mpe asaleli yango mpona makambo ma ye moko na kozanga komikanga ezali mpe lolenge mosusu na kosalela mabe misolo na lingomba.

Tosengeli mpe kolandela ete bana bakofinaka te to mpe bakopasolaka te ba envelope na mabonza, ba bulletin na egelesia to mpe makasa mpona kosepela na bango to mpe kosakana. Basusu bakoki kokanisa ete ezali makambo mike mpe na tina moko mpenza ten a etape na molimo, ezali solo koyiba Nzambe, misakla miye ekoki kokoma ba efelo na masumu kati na biso mpe Nzambe.

Likambo na Misato Ezali Koyima Moko na Zomi mpe Mabonza.

Kati na Malaki 3:8-9, elobi ete, "Moto akoyiba nde epai na Nzambe? Mpo ete bino bokoyiba epai na ngai!Nde bolobi ete, toyibelo Yon a nzela nini? Na nzela na makabo na zomi mpe na mbeka. Bolakelami mabe na elakelami mabe, pamba te bozali kooyibba epai na Ngai, εε, libota mobimba mpenza!"

Kopesa moko na zomi ezali kofuta Nzambe moko na zomi na lifuti na biso nioso, lokola elembo na bososoli na biso ete Ye Azali Mokonzi na biloko na biso nioso na mosuni mpe ete akotalaka bomoi na biso nioso. Yango tina soki tokolobaka ete tondimela Nzambe mpe ata bongo tokopesaka moko na zomi na biso te

Kasi lolenge elobami kati na Malaki 3:10 ete, "Boyeisa likabo mobimba na zomi kati na ndako na ebombelo ete bilei bizala na ndako na Ngai. YAWE na Bibele Alobi, ete meka Ngai sasaipi na yango, soko Nakozipwela bino maninisa na Lola te kosopela bino lippamboli kino esika ekozanga mpona yango.'" Na tango topesi moko na zomi esengela, tokoki kozwa mapamboli malakelama mpe na kobatelama.

Bongo ezali na bato misusu ba oyo bazwaka kobatelama na Nzambe te mpo ete bapesaka moko na zomi na bango na mobimba te likolo na lifuti na bango nioso te, esika na lifuti na bango na mobimba, mpe sima na kolongola ba frais na ba taxes nioso.

Kasi moko na zomi esengela ezali kopesa epai na Nzambe moko na zomi na bozwi na biso nioso. Bozwi kowuta na ba bommbongo na bison a pembeni, misolo bakokabbelaka biso, na tango babengisi biso mpon kolia, mpe kokabela nioso ezali lokola lifuti na biso moko, bongo tosengeli kosala calculi na moko na zomi na valeur na kozwa na lolenge yango mpe topesa moko na zomi esengela mpona yango mpe lokola.

Na makambo misusu, bato bakotangaka motuya na moko na zomi mpe bakopesaka yango na ba lolenge ekeseni, lokola mabonza nna ba mission, to mpe mabonza na motema malamu. Kasi yango emonani koyiba epai na Nzambe, mpo ete yango ezali moko na zomi esengela te. Lolenge nini egelesia ezali kosalela mabonza yango etali kaka department na misolo kati na egelesia, kasi etali kka biso ete toppesa mokom na zomi na biso lokola mabonza eye esengela.

Tokoki mpe kopesa ba mabonza misusu lokola mabonza na kopesa matondi. Bana na Nzambe bazali na mingi na kopesela matondi. Na likabo na lobiko tokoki kokende na Lola, kati na misala ebele kati na lingomba tokoki kobuka mabonza kati na Lola, mpe na tango tozali naino kati na mokili, tokozwa kobatelama na Nzambe mppe lipamboli na tango nioso, bongo boni kopesa matondi tosengeli kozala!

Yango tina Eyenga nioso tokoyaka liboso na Nzambe na ba

mabonza na kopesa matondi na ba lolenge na lolenge na kopesaka Nzambe matondi mpona kobatelaka biso mpona poso mosusu.

Mpe na milulu misusu kati na Biblia to ba occasion na tango tozali na ba tina masengeli mpona kotonda Nzambe, tokotia libonza na motuya pembeni mpe tokobonzela yango Nzambe.

Kati na kozala na biso elongo na bato misusu, na tango moto asungi biso to mpe asaleli bison a lolenge esengela, tokoyokaka kaka kopesa matondi te kati na mitema na biso; tolingi kozogisela ye eloko mpona matondi. Na lolenge moko, ezali kaka momesano ete tokolinga kopesa eloko epai na Nzambe mpona kotalisa matondi na biso mpo ete Ye Apesi na biso lobiko mpe Abongiseli biso Lola (Matai 6:21).

Soki moto akoloba ete azali na kondima mpe aummeli na moyimi mpona kopesa epai na Nzambe, elakisi ete azali naino na moyimi mpona biloko na mokili. Yango elakisi ete ye alingaka biloko likolo na Nzambe. Yango tina Matai 6:24 elobi ete, "Moto akoki kosalela bankolo mibale te. Pamba te soko akoyina moko mbe akolinga mosusu, soko nde akondima mbe akotiola mosusu. Bokoki kosalela Nzambe mpe misolo te.»

Soki tozali Bakristu oyo bakola, mpe tozali naino kolinga biloko na mosuni koleka Nzambe, bongo ekozala pasi te mpona biso mpona kozonga sima kati na kondima na biso mbele na kokende liboso. Ngolu oyo tozwaka na kala ekokoma sango na kala, ba tina na kopesa matondi ekosila, mpe liboso na biso tososola yango, kondima na biso ekokweya kino esika na lobiko na biso ekota mobulu.

Nzambe Asepelaka na solo na libonza na mbeka na solo mpe na kondima. Moto na moto azali na etape kati na kondima na kokesana, mpe Nzambe Ayebi likambo na moto na moto, mpe Ye Amonaka kati na motema na moto na moto. Boye ezali monene mpe motuya na mabonza te eye etalaka liboso na Ye. Bokanisa été Yesu Akumisaka mwasi mokufeli mobali oyo apesaka makuta mibale yango oyo ezalaki nioso etikalaki na ye mpona kobika (Luka 21:2-4).

Na tango tosepelisi Nzambe na lolenge oyo, Nzambe Akopambola bison a mapamboli mingi mpenza mpe ba tina na kopesa matondi ete mabonza topesi mikoka kopimama ten a mapamboli tokozwaka epai na Ye. Nzambe Alandelaka ete molimo na biso efuluka, mpe Apambolaka biso mpo ete bomoi na biso efuluka ata na ba tina mingi na kopesa matondi. Nzambe Apambolaka biso mbala ntuku misato, ntuku motoba, mpe mbala mokama na mabonza tokotombola epai na Ye.

Sima na Ngai kondimela Yesu Christu, na tango ngai nayekolaki ete tosengeli kopesa mabonza masengela mpe moko na zomi epai na Nzambe, Nabandaka kotosa mbala moko. Nazalaka na ba nyongo ebele na ba mbula sambo eye nakangamaka na ba bokono, kasi mpo ete Nazalaki mpenza na matondi ete Nzambe Abikisaka Ngai na ba makakatani na ngai, nazalaka tango nioso kobonzela Nzambe oyo nakokaki kopesa.

Ata soki ngai elongo na mwasi na ngai tozalaki kosala, tozalaki mpenza kofuta ba interet na ba nyongo na biso te. Ata bongo, totikala kokende mayangani maboko pamba te.

Na tango tondimelaka Nzambe na Nguya Nioso mpe totosaka maloba ma Ye, Asungaka biso tofuta ba nyongo na biso milekaka mingi sima kaka na ba sanza moke. Mpe na tango wana, tokokaki komona Nzambe kokitisa mapamboli ma Ye mizanga suka likolo na biso, bongo tokokaki kobika kati na kofuluka.

Likambo na Minei Ezali Koyiba Maloba na Nzambe.

Koyiba maloba na Nzambe ezali kosala lisakoli na lokuta na nkombo na Nzambe (Yelemia 23:30-32). Ndakisa, ezali na bato misusu oyo bayibaka maloba na Ye na kolobaka ete bayokaki mongongo na Nzambe mpe bazali koloba mpona lobi ekoya lokola babikoli mpe bakolobaka na moto oyo azali kokoba na kokweya kati na bombongo ete Nzambe Akweyisi yo na ba bombongo na yo mpo ete esengeli nay o kokoma mosali na Nzambe, esika na kokamba bombongo."

Ebengami mpe koyiba maloba na Nzambe na tango moto azali na ndoto to emoniseli ewuti na makanisi na ye moko mpe akolobaka ete, "Nzambe Apesi na ngai ndoto oyo,' to 'Nzambe Apesi na ngai emoniseli oyo." Yango mpe ekweyi na esika na kosalela nkombo na Nzambe pamba.

Ya solo kososola mokano na Nzambe na nzela na mosala na Molimo Mosantu mpe kotatola mokano na Nzambe ezali malamu, kasi mpona kosala yango malamu, tosengeli kotala soki tondimami liboso na Nzambe. Yango mpo ete Nzambe Akolobaka kaka na moto nioso te. Akoki kaka koloba na ba oyo bazanga mabe kati na mitema na bango. Yango tina tosengeli na kosenjela ete na lolenge moko tozali koyiba maloba na nzambe ten a tango tozindisami kati na makanisi na biso moko te.

Lisusu soki tokoyoka, mabe kati na motema, soni, to mpe malamu ten a tango tozali kokamata eloko moko to mpe tango tozali kosala eloko, yango ezali elembo ete tosengeli na komitala biso mpenza. Tina oyo tokoyokaka malamu te kati na motema ezali mpo ete tokoki kozwa eloko oyo ezali na biso te mpona motimi na biso moko, mpe Molimo Mosantu kati na biso Akomilela.

Ndakisa, ata siki toyibi eloko na moto te, soki tozwi lifuti sima na kosala kati na doidoi to mpe soki tozwi mosala to mpe rtidia kati na lingomba kasi tokokisi misala na biso te, na kolobaka ete tozali na motema malamu, tosengeli koyoka kotutama kati na motema.

Lisusu, soki moto amibonzi na Nzambe abungisi ngonga oyo atiaka na pembeni mpona Nzambe mpe amemi bobungisi na ngonga mpona bokonzi na Nzambe, azali koyiba ngonga. Kka na Nzambe te, kasi mpe kati na mosala to mpe na makambo misusu, tosengeli koyeba ete tozali na ngonga malamu mpo ete tomema kobungisa epai na basusu ten a kolekiselaka bango ngonga na bango.

Na bongo tosengeli tango nioso komipimaka biso mpenza mpona koyebaka ete tosaki Kisumu na koyiba tango nan a lolenge soko nini, mpe tobwakisa moyimi mpe lokoso kati na makanisi mpe na mitema. Bongo na motema epetolama, tosengeli kosala makasi mpona kokokisa motema na solo mpe na sembo liboso na Nzambe.

Chapitre 10
Mobeko na Libwa

"Okoloba Matatoli na Lokuta, na Ntina na Mozalani nay o Te"

Esode 20:16

"Okoloba matatoli na lokuta, na ntina na mozalani nay o te.

Ezalaki butu oyo Yesu Akengemaka. Na tango Petelo azalaki kofanda kati na lopango esika wapi Yesu Azalaki kotunama mituna, mosali mwasi alobaki ye ete, "Yo mpe ozalaki elongo na Mogalilea." Na oyo, Mokwami Petelo ayanolaki ete, "Nayebi te nini ezali yo koloba" (Matai 26).

Solo Petelo Awanganaka mpenza Yesu kati na mozindo na motema na Ye te--azalaki kokosa likolo na kobanga na mbalakata. Kaka sima na eloko oyo, Petelo abimaki libanda mpe akitisaki moto na ye na mabele, mpe alelaki makasi. Bongo na tango Yesu Amemaki ekulusu na Gologota, Petelo akokaki kaka kolanda na mosika, na koyoka nsoni mpe na kokoka ata kotombola moto na ye te.

Ata soki makambo oyo nioso masalemaka liboso na Petelo kozwa Molimo mosantu, likolo na lokuta oyo, aboyaki mpenza kobakama na ekulusu lokola Yesu, na lolenge na kotelema. Ata sima na ye koyamba Molimo Mosantu mpe kobonza bomoi na ye mobimba na mosala na Ye, azalaki mpenza na nsoni na ngonga wapi ye awanganaka Yesu, mpe bongo na sima asengaka ete abakama moto nan se mpe makolo na likolo.

"Okoloba Matatoli na Lokuta na Ntina na Mozalani na Yo Te"

Mpona maloba eye bato bakolobaka mikolo na mikolo, ezali na maloba misusu maye mazali na motuya mingi, na tango maloba misusu mazali na litomba moko te. Maloba misusu mizali na ntina moko te, mpe maloba misusu mizali maloba mabe oyo izokisaka to mpe kopengwisa basusu.

Lokuta izali maloba mabe maye makopengwaka na solo. Ata soki bakondimaka yango te, bato mingi bakolobaka lokuta mingi mikolo na mikolo---Nioso minene mpe na mike. Bato misusu bakolobaka na lolendo ete, "Ngai nalobaka lokuta te," kasi liboso na bango koyeba yango, bango bakotelemaka kati na kozanga koyeba likolo na ngomba na lokuta.

Salite, bosoto, mpe bozangi molongo ekoki kobatamma kati na molili. Kasi, soki pole monene engengi kati na ndako, ata eteni moke na mputulu to mpe na kobebisama ekomonana polele. Na bongo, Nzambe, oyo Ye mpenza azali solo, Azali lokola pole; mpe Amonaka ebele na bato kolobaka lokuta na tango nioso.

Yango tina kati na mobeko na libwa, Nzambe Alobeli na biso ete topesa litatoli na lokuta te mpona mozalani na biso te. Awa, 'mozalani" elakisi baboti, bandeko mobali, bana----moto mosusu mbe biso moko. Tika totala lolenge nini Nzambe Alobeli "litatoli na lokuta" na biteni misato.

Yambo, "Kopesa Litatoli na Lokuta" Elakisi Koloba Mpona Mozalani na Yon a Lolenge na Solo Te.

Tokoki komona boni makasi kopesa litatoli na lokuta ekoki kozala, ndakisa, na tango ttokotalaka kosambisa kati na cours. Mpo ete litatoli na motatoli ekosimbaka ata kokata na suka, kaka moke na bobongoli na ekoti rkoki komema likama monene epai na moto oyo asalaki eloko moko te, mpe likambo ekoki kokoma likambo na bomoi to kufa mpona ye.

Mpona kopekisa bokosi na motatoli kotelema mabe to mpe misala mabe na motatoli na lokuta, Nzambe Apesi motindo ete basambisi balanda ebele na batatooli mpona bososoli malamu mpenza na makambo nioso matali kosambisama mpo ete bakoka na kokata na lolenge bwanya mpe elongobbani. Yango tina Ye Apesi motindo na ba oyo bakotatola mpe na basambisi ete bbasala yango na bokebi mpe na ekkenge.

Kati na Dutolonome 19:15, Nzambe Alobi ete, "Motatoli bobele moko akokoka kokitisa moto te, na ntina na lisumu, to na ntina na mabe na kati na likambo soko nini ye asali. Kofundisama na ye ekolendisama bobele mpona kotatola na batatoli mibale soko batatoli misato." Akobi na koloba kati na eteni 16:20 ete "Soki motatoli amonani mokosi, kotatolaka lokuta mpona ndeko na ye," asengeli kozwa etumbu oyo alingaki komemela ndeko na ye.

Mosika na makambo makasi lokola oyo bisika moto moko akomemaka kobungisa monene epai na moto mosusu, ezali na makambo mingi koleka esika wapi bato bakolobaka lokuta moke awa mpe kuna mpona bazalani na bango, kati na bomoi na mikolo na mikolo. Ata soki moto alobi lokuta mpona mozalani na ye, soki alobeli solo ten a esika wapi asengelaki koloba solo mpona kolongisa mozalani na ye, yango mpe ekoki komonana lokola kopesa litatoli na lokuta.

Soki moto mosusu azalaki kozwa Pamela mpona mabe oyo

esalaki biso, mpe tokolobaka te mpona kobanga to mpe mpona komikotisa kati na mobulu te, bongo lolenge nini tokoki kozala na motema epetolama? Iyo, Nzambe Alobi na biso ete tobuka lokuta te, kasi Alobi na biso mpe ete tozala baton a bosembo kati na mitema mpo ete maloba mpe misala na biso matalisa bosolo mpe bosembo mpe lokola.

Bongo nini ekanisi nzambe mpona ba lokta mike mike na malamu" oyo tokolobaka mpona kobondisa moto to mpe koyokisa ye malamu?

Ndakisa, tokoki kotala moninga, mpe ye atuni biso ete, "Bolikaki?" Mpe ata soki toliaki te, tokozongisa ete, "Iyo, Naliaki," nde bongo mpona kotungisa ye te. Kasi, kati na likambo oyo, tosengeli kokoba na koloba solo na kolobaka ete, "Te, Naliaki te, kasi nalingi kolia sasaipi te."

Ezali na ba ndakisa na ba lokuta mike mike" ata kati na Biblia.

Kati na Esode chapitre 1, ezali na esika wapi mokonzi na Ejipito akoyokaka kanda mpo ete bana na Yisalele bakomi ebele mingi, mpe apesi motindo na lolenge moko boye epai na Basi babotisi na basin a Baebele. Alobelaki na bango ete, "Ekobotisa bino basin a Baebele, mpe ekomona bino bango na likolo na ebotiselo, soko ezali mwana mobali mbele boma ye, soko ezali mwana mwasi akobika" (v.16).

Kasi basi babotisi Baebele oyo babangaka Nzambe bayokelaki mokonzi na Ejipito te mpe babatelaki bana babali na bomoi. Na tango mokonzi apamelaki basi babotisi mpe atunaki ete, "Mpo nini bino bosali likambo oyo, mpe botiki bana mibali babika?" Bango bayanolaki ete, "Mpamba te, basi na Baebele bazali lokola basi na Baejipito te mpo ete bazali makasi mingi mpe basili kobota naino mobotisi ayei epai na bango te."

Lisusu, na tango mokonzi na liboso na Yisalele, mokonzi Saulo, akomaki na zua na Dawidi mpe amekaki koboma ye mpo ete alingamaka mingi epai na bato koleka ye mei, Yonatana, Muana mobali na Saulo, akosaki ye mpona kobikisa bomoi na Dawidi.

Kati na likambo oyo, na tango bato bazali koloba lokuta kaka mpona bolamu na moto mosusu, solo kati na likanisi malamu, kasi mpona bolamu na bango moko te, Nzambe Akobenganaka bango na mbala moko te mpe koloba ete, "Bokosaki." Kaka lolenge asalaki mpona basi babotisi na Baebele, Akotalisa ngolu na Ye epai na bango, mpo ete bazalaki komeka kobikisa ba bomoi kati na likanisi malamu. Kasi, na tango bato bakomi na etape na bolamu na kokokisama, bakokoka kosimba motema na motelemeli to mpe moto bazali na ye likambo na kozanga koloba "lokuta mike mike."

Ya Mibale, Kobakisa to Kolongola Maloba na tango Sango Ezali Kopesama Ezali Lolenge Mosusu na Kopesa Litatoli na Lokuta

Yango ezali likambo na tango bozali kopesa sango mpona

moto na lolenge oyo ezali kobebisa solo---tango mosusu mpo ete bobakisaki makanisi na bino moko to lolenge na koyoka, to mpe bolongolaki maloba misusu. Na tango moto moko alobeli na bango likambo, mingi kati na bato bayokaka na matoyi mandimeli, bongo lolenge nini bango bakomonaka sango etali mpenza mitema na bango moko mpe makambo bakutana na yango na kala. Yango tina na tango ba sango moko boye ipesami na moto mosusu ten a moto wana, molobi na ebandeli oyo apesaki sango moto na liboso akoki kobunga na pete.

 Kasi ata soki liloba moko na moko---point virgule---ipesami lolenge esengelaki, kolandana na bapesi na ba sango' lolenge to mpe kobetisa sete na maloba misusu, ekobongola mpenza mama na sango. Ndakisa, ezali na bokeseni makasi kati na moto oyo akosengaka na bolamu moninga na ye ete, "Pona nini?" mpe moto otyo na elongi na nkanda kongangelaka moyini na ye ete, "Mpona nini?!"

 Yango tina tango nioso tokoyokaka moto, tosengeli komeka kososola nini ye azali koloba na kozanga na kokangisa koyoka na lolenge na moto moko kati na likambo yango. Likambo na lolenge moko esalemaka na tango tokolobelaka bato misusu. Tosengeli komeka lolenge esengeli mpenza mpona biso mpona komema lolenge esengeli sango na molobi na ebandeli---Likanisi na ye mpenza na mobimba.

 Lisusu, soki moboko na liteyo ezali na solo te to mpenza na lisungi moko te epai na bayoki, ata soki tokoki kopesa na lolenge esengeli sango yango, ekozala kutu malamu soki topesaki yango na ebandeli te. Yango ezali mpo ete ata soki tokopesaka yango na likanisi malamu, moyambi na yango akoki kozokisama to mpe koyoka mabe; mpe soki yango ekosalema, nde bongo tokoki kosuka na komema kowelana kati na bato.

Matai 12:36-37 etangi ete, "Nazali koloba na bino ete, na mokolo na kosamba, bato bakosamba mpona bilobaloba nioso bizali bango koloba; mpo ete maloba nay o makolongisa yo mpe maloba nay o makokitisa yo." Na bongo tosengeli na komipekisa na koloba maloba maye mazali na solo te to mpe na bolingo kati na Nkolo. Yango etali lolenge nini biso tokoki mpe koyoka maloba mpe lokola.

Na Misato, Kosambisa mpe Kokatelaka Basusu mabe na Koozanga Solo Kososola Mitema na Bango Ezali Mpe Lolenge na Kopesa Litatoli na Lokuta mpona Mozalani na Biso.

Na momesano,, bato bamesanna kokanisela bato misusu likolo na motema na moto to mpe makansi kaka na kotalaka lolenge na ye to mpe bizaleli na ye, na kosalelaka makanisi na bango moko mpe lolenge bazali koyoka lokola epimeli. Bango bakoki koloba ete, "Tango mosusu moto oyo alobi boye kati na makanisi na ye," to mpe bakoki koloba ete, "Solo solo azalaki na makanisi oyo mpona kosalaka lolenge oyo."

Toloba ete mosali elenge azalaki kosala na bolamu mpenza te epai na motambwisi na ye mpo ete azalaki na kanda mpona esika na ye na sika. Motambwisi akoki kokanisa ete, "Moto oyo ya sika azali komonana malamu ten a ngai. Tango mosusu ezali mpo ete napesaki na ye mua ba mpamela mokolo oyo mosusu.' Yango ezali lolenge na kokanisa mabe eye motambwisi amisalelaki kolandana na makanisi na ye moko. Na likambo mosusu, moto mosusu na miso komona malamu te to mpe na makanisi bipai mosusu atamboli na koleka moninga na ye na kososola te ete moninga azalaki kuna. Moninga yango akoki kokanisa ete, "Ye azali kosala lokola ayebi ata ngai te.

Mpe soki moto mosusu azalaki kati na likambo na lolenge moko oyo, akokaki kotalisa reaction mosusu. Moto nioso azalaka na makanisi na kokesana mpe lolenge na koyoka kati na ye, nde boye moto na moto azongisaka na lolenge ekeseni kati na likambo. Na bongo, na koloba ete moto nioso apesamaki monyoko moko, moto nioso akozala na etape na kokesana na makasi mpona kolonga yango. Yango tina na tango tokomonaka moto kati na pasi, tosengeli te kosambisa ye na lolenge na biso moko na kopimela pasi mpe kokanisaka ete, "Mpona nini akotombokaka mpona eloko te?" Ezali pete te mpona kososola na mobimba motema na moto mosusu---ata soki bolingaki ye solo to mpe bozali na lisangana makasi na ye.

Lisusu, ezali mpenza na ba nzela misusu oyo bato bakosambisakaa mabe mpe bakomisalelaka makanisi mabe mpona basusu, bakolembaka bango, mpe suka suka bakokatelaka bango mabe... nioso oyo mpo ete bakosambisaka basusu kolandana na lolenge na bango moko. Soki, kolandana na ba lolenge na biso moko tokosambisaka moto mosusu, na kokanisaka ete azali na likanisi moko kati na motema na ye ata soki azali na yango te, nde bongo kolobaka mabe na ntina na ye, tozali kopesa litatoli na lokuta likolo na ye. Mpe soki tokomipesa kati na mosala na lolenge oyo na koyokaka lokuta na lolenge oyo mpe tokosanganaka kati na kosambisa mpe na kokatela mabe oyo, wana nde lisusu, tozali kosala lisumu na kopesa litatoli na lokuta epai na mozalani na biso.

Bato mingi bakanisaka soki bango moko bakozongisaka mabe mpona makambo misusu, basusu kati na likambo moko bakosala lolenge moko. Mpo ete bazali na motema na kokosa, bakokanisaka ete basusu mpe bazali na motema na kokosa. Soki bamoni likambo to mpe eloko moko mpe bakokanisa na mabe, bakokanisaka ete, "Nabeti ndenge ete moto wana mosusu azali na makanisi mabe mpe lokola." Mpe mpo ete bango moko batalaka basusu pamba, bakokanisaka ete, "Moto wana azali kotala ngai pamba. Azali na lolendo."

Yango tina elobama kati na Yakobo 4:11 ete, "Bandeko botongana te. Ye oyo akotonga ndeko na ye, soko akosambisa ndeko na ye, azali kotonga Mibeko soko kosambisa Mibeko. Soko ozali kosambisa Mibeko, ozali motosi na Mibeko te, kasi mosambisi." Soki moto akosambisa to mpe akokosela ndeko na ye, yango etalisi ete azali na lolendo, mpe solo mpenza alingi kozala lokola Nzambe Mosambisi.

Mpe ezali motuya koyeba ete soki tokolobaka mpona bolembu na bato misusu mpe tokosambisa bango, tozali kosala lisumu oyo ezali mabe mingi koleka. Matai 7:1-5 etangi ete, "Bosambisaka te ete basambisa bino te. Pamba te na esambiseli ekosambisaka bino, bakosambisa bino na yango ; mpe epimeli ekopimaka bino, bakopimaka bino na yango.Mpo na nini okotalaka mpumbu ezali na miso na ndeko na yo naino okanisi libaya izali na liso na yo mpenza ? Yo mokosi longola naino libaya lizali na liso na yo mpe tala, mpona komona polele mpo na kolongola mpumbu na liso na ndeko na yo."

Likambo mosusu tosengeli kokeba na yango ezali kosambisa maloba na Nzambe kati na makanisi na biso moko. Oyo esengela ten a moto ekoki na Nzambe, nde boye na tango ekomi mpona Liloba na Nzambe, tosengeli te koloba ete, "Wana malamu te."

Kokosa na Komatisaka Makambo to Koloba Solo Malamu Te

Na likanisi moko na mabe te, bato balukaka komatisa likambo to koloba solo malamu te na mokolo na mokolo. Ndakisa, soki moto moko aliaki bilei mingi, tokoki koloba ete, "Alei mpenza biloko nioso." Mpe na tango bilei ndambo itikali, tokoki koloba ete, "Ezali ata na moke na ba miette itikali te!" Ezalaka mpe na ba tango wapi tokomonaka bato mibale to misato kondima likambo tokolobaka ete, "Bato nioso bandimi yango."

Na lolenge oyo, nini ebele na bato bakomona lokola lokuta te, yango ezali solo lokuta. Ezalaka ata na makambo wapi tolobaka mpona likambo toyebi malamu mpenza te, mpe sukasuka, tokobuka lokuta.

Ndakisa, toloba ete moto mmoko atuni na biso basali boni bazali kosala kati na compani moko, nde biso tokoyanola été, « Ezali na bato ebele na motuya oyo, » nde sima tokotanga mpe tososoli été motuya ekeseni na oyo elobaki biso. Ata soki tokosaki na kokana yango te, oyo elobi biso esili kozala lokuta, mpo ete ekeseni na solo. Bongo kati na likambo oyo, lolenge malamu na koyanola likambo oyo ekozala ete, "Nayebi motuya mmpenza mpenza te, kasi nakanisi ete ezai na motuya na bato ebele boye."

Ya solompona makambo na lolenge eye tommekkaki solo kobuka lokuta te kati na likanisi mabe, to mpe koosambisa basusu na mitema mabe. Kasi, soki tomoni ata elembo moke na makanisi na lolenge wana mpe misala, bongo ekozala likanisi malamu kokita na mosisa na likambo. Moto oyo motema etondisama na solo akobakisaka sokoo koolongolaka kati na solo te, ata likambo moke na lolenge nini te.

Moto na bosolo mpe na bolamu akoki kozwa solo lokola solo, mpe atinda solo lokola solo. Bongo ata soki likambo ekoki kozala moke mingi mpe na tina te, soki tokomimona kolobela yango ata na eloko moke na lookuta, tosengeli koyeba été yango elakisi été motema na biso etondisami naino mpenza na solo te. Bongo soki motema na biso nainoo etondisami na solo te, yango elakisi été na tango tozwami kati na likambo na kotelemmela bomoi, tozali mpenza na makoki na komema likama epai na moto mosusu na kokosaka na ntina na bango.

Lolenge ekomama kati na 1 Petelo 4:11 ete, "Nani ayebi koloba aloba makambo na Nzambe," tosengeli te komeka kokosa to mpe kosakana na kosalellaka maloba na lokuta. Ata soki tokoloba nini, tosengeli tango nioso koloba bosolo, lolenge tozali koloba Liloba mpenza na Nzambe. Mpe tokoki kosala yango na kobondelaka makasi mpenza mpe na kozwa kotambwisama na Molimo Mosantu.

Chapitre 11
Mobeko na Zomi

"Okolula Ndako na Mozalani na Yo Te"

Esode 20:17

"Okolula ndako na mozalani an yo te. Okolula mwasi na mozalani nay o te, soko moumbo mobali na ye te, soko moumbo mwasi na ye te, soko ngombe mobali na ye te, soko mpunda na ye te, soko eloko nini ezali na mozalani nay o te."

Boyebi lisolo na libata na zamba oyo enenaki maki na wolo, moko na masapo na Aesop makenda sango? Mbala moko kati na tango, kati na mboka moke ezalaki na mobokoli bibwele oyo ayaka na kozala na libata na zamba na kokamwisa. Na tango azalaki kokanisa nini kosala na ye likambo na kokamwa esalemaki.

Libata abandaki kobota maki na wolo ntongo nioso. Nde bongo mokolo moko, moto na bilanga akaniska ete, "esengeli na kozalla na ebele na maki kati na libata yango." Nde boye moto yango akomaki na moyimi mpe alingaka wolo ebele mpo ete akoka kokoma moto na misolo mingi na mbala moko..

Bongo na tango moyimi na ye ekomaki monene mingi, moto oyo akataki libata, na komona ete ezalaki ata na eteni na wolo te kati na libata. Na ngonga wana, mosali bilanga amonaki ete asalaki mabe mpe ayambolaki misala na ye, kasi yango ezalaki mpenza trop tard.

Na lolenge oyo, moyimi na moto azalaka na suka te. Ata ba ebale boni itioli kati na main a monana, mai ekoki kotonda yango te. Lolenge moko na moyimi na moto. Ata boni moto akoki kozwa, ezalaka na kosepela na kokoka te. Tomonaka yango mokolo na mokolo. Na tango moyimi na moto ekomi mpenza monene mingi, akozanga esengo na oyo azali na yango kaka te, kasi ye mpe akokoma na kolula mpe akomeka kozwa oyo basusu bazali na yango, ata soki elakisi ete asalela ba nzela mabe. Bongo akosuka na kosala lisumu monene.

"Okolula Ndako na Mozalani na Yo Te"

Kolula eloko elakisi ete olingi kozwa eloko oyo ezali nay o ten de okoluka kozwa biloko na moto mosusu na kosalelaka ba nzela mabe; to mpe kozalaka na motema eye ekolingaka biloko nioso na mosuni na mokili.

Mingi na koboma ebandaka na motema na kolula. Kolula biloko na bato ekoki komema baton a kokosa, koyiba, kokosa basusu, koshina, koboma, mpe kosala mabe na lolenge nioso. Ezalaka mpe na bisiika wapi bato bakolulaka kaka biloko na nzoto te, kasi mpe ebonga mpe lokumu mpe lokola.

Likolo na motema oyo nakolula, na tango na tango relation kati na bandeko, baboti mpe bana, ata mobali na mwasi ekokoma kowelana. Mabota misusu bakokoma bayini, mpe na esika na kobika kati na esengo na solo, bato bakokoma na likunia mpe na zua na ba oyo bazali na mingi koleka bango.

Yango tina na nzela na mobeko na zomi, Nzambe Akebisi biso mpona koluka, yango oyo ebotaka masumu. Lisusu, Nzambe Akebisi na biso ete totia makanisi na bison a makambo na likolo (Bakolose 3:2). Kaka na tango tokoluka bomoi na seko mpe totondisi motema na bison a elikia na Lola nde tokoki kozwa kosepela na solo mpe esengo. Kaka wana nde tokoki kolongola kolula. Luka 12:15 elobi ete, "Keba mpe senjela na ntina na lokoso nioso, mpo ete bomoi na moto ezali na kati na motuya na biloko mizali kati na ye te." Lolenge elobi Yesu, kaka na tango wapi tolongoli bilulela nioso nde tokoka kozala mosika na kosumuka nde bongo tokozala na bomoi na seko.

Etape Esika wapi Kolula Etalisamaka na Lolenge na Lisumu

Bongo lolenge nini kolula ekomaka mosala na lisumu? Toloba ete bokendaki kotala ndako moko na moto na motuya mingi. Ndako yango etongama na ba marbre mpe ezali mpenza monene. Ndako yango etondisama mpe na biloko nioso na motuya. Ekoka mpona kolobela na moto ete, "Ndako oyo ezali kitoko mingi. Ezali mpenza na bonzenga!"

Kasi mingi na bato bakotelemaka kaka wan ate sima na bango kosala ba commentaire na boye. Bakokobaka na kokanisaka ete, "Nakolikia ete nazalaki na ndako na lolenge oyo. Nakolikia ete nazalaki na misolo lokola moto oyo…"Ya solo mondimi na solo akondima te ete likanisi oyo ekoba na likanisi mpona koyiba. Kasi na nzela na likanisi na lolenge oyo ete, "Nakolikia nakokaki mpe kozala na yango mpe lokola," moyimi ekoki kokota motema na bango.

Nde soki moyimi ekoti kati na motema, etikali kaka mkolo oyo moto akosala lisumu. Elobi kati na Yakobo 1:15 ete, "Na nsima esili mposa kozwa zemi, eboti lisumu, mpe esili lisumu yango kokola eboti kufa." Ezali na bandimi misusu oyo, balongamaka na mposa oyo to moyimi, mpe bakosukaka na kosala mabe.

Kati na Yosua chapitre 7, totangi mpona Akana, oyo alongamaki na moyimi na lolenge oyo mpe asukaki na kokufa lokola etumbu. Yosua, lokola motambwisi na esika na Mose, azalaki na nzela na kokamata mokili na Kanana. Bayisalele bawutaki kozinga Yeliko. Yosua akebisaka baton a ye ete eloko nioso ekobima na Yeliko ebonzami na Nzambe, nde bongo moto moko te akokaki kotia maboko likolo na yango.

Kasi, sima na komona elamba na motuya mpe mu aba palata mpe wolo, Akana alulaki yango mpe na kimia abombaki yango mpona ye moko. Mpo ete Yosua ayebaki yango te, akobaki na mboka elandi mpona kokamata yango, yango ezalaki mboka na Ai. Mpo ete Ai ezalaki mboka moke, Bayisalele bamonaki yango lokola etumba moke. Kasi boni nkamwa na bango ezalaki na tango babukanaki. Bongo Nzambe Alobelaki Yosua ete ezalaki likolo na lisumu na Akana. Lifuti na yango, kaka Akan ate, kasi libota na ye mobimba---ata bibwele na ye----basengelaki na kokufa.

Kati na 2 Mikonzi, chapitre mitano, tokoki kotanga mpona Gehazi, mosali na Elisa, oyo mpe azwaka mabe likolo na biloko asengelaki na kolula te. Lokola elobelaki ye Elisa, General Namana azindaki mbala sambo kati na ebale na Yoladene mpona kopetolama na maba na ye. Sima na kolakelama mabe, alingaki kopesa na Elisa mua mabonza lokola ellembo na kotalisa matondi. Kasi Elisa aboyaki kozwa ata eloko.

Bongo, lokola General Namana akobaki na nzela na ye na kozonga mboka na ye, Gehazi alandaki ye, na kosalaka lokola Elisa nde atindaki ye, mpe asengaki mua biloko. Azwaki biloko mpe abombaki yango. Likolo na yango, azongaki epai na Elisa mpe amekaki kokosa ye, ata soki Elisa ayebaki nini alingaki kosala wuta na ebandeli. Nde bongo Gehazi azwaki maba oyo Namana azalaki na yango.

Ezalaki lolenge moko na Anania mpe mwasi na ye Safila kati na Misala, chapitre mitano. Batekisaki eteni na lopango na bango mpe balakaki kopesa epai na Nzambe misolo ekobima na yango. Kasi na tango bakwaki misolo na maboko na bango, mitema na bango mimbongwanaki, mpe babombaki eteni na misolo mpona bango moko mpe bamemaki oyo etikalaki epai na ban toma. Na kolulaka misolo, bamekaki kokosa ban toma. Kasi kokosa ban toma ezalaki lolenge moko na kokosa Molimo mosantu, nde na mbala moko, milimo na bango ilongwaki bango, mpe bango mibale bakufaki na esika kaka moko.

Mitema na Kolula Ikomemaka na Kufa

Kolula ezali lisumu monene eye sukasuka ememakka na kufa. Na bongo ezali motuya mpona biso kolongola bilulela kati na mitema na biso, lolenge moko na komekama mpe moyimi eye ememakka bison a kolinga biloko na mosuni na mokili oyo. Nini malamu yango ezali ete bozwa nioso elingi bino kati na mokili mobimba kasi bobungisa bomoi na bino?

Na loboko mosusu, ata soki bokoki kozwa bozwi nioso te kati na mokili oyo, soki bokondimelaka Nkolo mpe bozali na bomoi na solo, bongo bozali solo mozui. Lolenge toyekoli kati na lisuese na moto na mbongo mpe Lazalo moolombi kati na Luka, chapitre 16, lipambooli na solo ezali kozwa lobiko sima na kolongola motema na kolula.

Moto na mbongo oyo azalaka na kondima kati na Nzambe te mpe elikia nalola te abikaka bomoi na kofuluka---kolataka bilamba malamu, kosepelisaka moyimi na ye na mokili, mpe kozwa esengo na biisengo na mokili. Na ngambo mosusu, mosenngi Lazalo azalaka kolomba na ekuke na moto na mbongo. Bomoi na ye ezalaki na nse mingi, at aba mbwa bazalaki kolembola ba mpota na nzoto na ye. Kasi, na kati kati na motema na ye, azalaki kozanjola Nzambe mpe tango nioso azalaki na elikia na Lola.

Sukasuka, bango nioso moto na mbongo mpe Lazalo bakufaki. Mosengi Lazalo akamatamaki epai na banje na ngambo na Abalayama, kasi moto na mbongo akendaki na Ewelo, esika wapi azalaki na mitungisi. Mpo ete azalaki mpenza na mposa na mai mpona ba pasi mpe mposa na mai, moto na mbongo alikiaki kaka mpona litanga moko na mai, kasi ata kosenga wana ekokaki te kopesama.

Toloba ete moto na mbongo azwaki libaku malamu mosusu mpona kobika awa kati na mokili oyo? Alingaki solo kopona kopesama bomoi na seko kati na Lola, ata soki esengelaki na ye kozala mobola kati na mokili oyo. Mpe mpona moto oyo azali kobika bomoi na bosenga makasi awa, lokola Lazalo, soki ayekolaka kaka lolenge kani akoki kobanga Nzambe mpe kobika kati na pole na Ye, akoki mpe kozwa mapamboli na nkita na biloko na tango azali kobika awa na mokili.

Sima na kufa na mwasi na ye Sala, Abalayama, tata na kondima, alingaka kosomba lilusu na Makapela mpona kokunda mwasi na ye kuna. Mokolo na lilusu alobelaki na ye ete akamaka yango mpona mpamba, kasi Abalayama aboyaki kozwa yango mpona pamba, mpe afutaki motuya nioso mpona yango. Asalaki yango mpo ete azalaki ata na elembo na moyimi kati na motema na ye te. Soki yango ezalaki ya yyye te, alingaki ata kokanisa mpona kozwa yango te (Genese 23:9-19).

Lisusu, Abalayama alingaka Nzambe mpe atosaka maloba ma Ye; na kobikaka bomoi na bosoolo mpe na sembo. Yango tina kati na bomoi na ye na mokili oyo, Abalayama azwaki kaka mapamboli na biloko na mokili oyo te, kasi mpe lipamboli na bomoi molai, koyebana, nguya, bakitani, mpe mingi koleka. Azwaki ata lipamboli na molimo na kobengama 'moninga na Nzambe'.

Mapamboli na Molimo Malekaka Mapamboli Niono na Mosuni

Ba tango misusu bato batunaka na ekenge ete, "Moto wana amonanaka lokola mondimi malamu. Lolenge nini emonani lokola azwaka mapamboli mingi te?" Soki moto wana azalaka molandi na solo na Christu na kobikaka mokolo na mokolo na kondima na solo, tolingaki komona Nzambe kopambola ye na biloko mileki kitoko.

Lolenge ekomama kati na 3 Yoane 1:2 ete, "Molingami nazali kobondela ete opambwama na makambo nioso mpe ete ozala na nzoto makasi pelamoko ezali molimo nay o kopambwama," Nzambe Apambolaka bison a mpo ete molema na biso ezala malamu, liboso na eloko nioso. Soki tokobika lokola bana bulee na Nzambe, na kobwakaka mabe na lolenge nioso kati na mitema na biso mpe tokotosaka mibeko ma Ye, solo Nzambe Akopambola biso mpo ete nioso etambola malamu na biso, ata nzoto na biso.

Kasi soki moto--- oyo molema na ye ekofulukaka te--- Akomonana lokola azali kozwa mapamboli mingi na biloko, tokoki te koloba ete ezali lipamboli na Nzambe. Na likambo wana, bomengo na ye ekoki komema ye na kokoma moyimi. Moyimi na ye ekoki kobota lisumu, mpe na tango yango, akoki solo kokweya mosika na Nzambe.

Na tango makambo mazali makasi, bato bakoki kotiela

Nzambe motema na motema mopetolama mpe basalela Ye na molende kati na bolingo. Kasi na momesano, sima na kozwa mapamboli na misolo kati na bombongo na bango to esika na mosala, mitema na bango ekobanda na kolinga biloko ebele na mokili mpe bakobanda komilongisa na kozalaka na misala mingi, mpe bakosuka na kokola na kokende mosika na Nzambe. Na tango lifuti to mpe kozwa na bango ezali moke, bakomonana kopesa moko na zomi na bango na motema mobimba longwa na kopesa matondi na bango, kasi na tango kozwa na bango ekoli, mpe moko na zomi na bango mpe esengeli na komata, ekozala pasi te mpona motema na bango koningana. Soki motema na biso ekobongwana lolenge oyo, mpe tokobi na mosika na Liloba na Nzambe mpe sukasuka tokomi kaka lokola baton a mokili, bongo mapamboli ezwaki biso ekokoki kosuka na kokoma libaku mabe na biso.

Kasi, ba oyo milema na bango mizali kofuluka bakolulaka te biloko na mokili oyo, mpe ata soki bazwi mapamboli na lokumu mpe na libaku malamu epai na Nzambe, bakoluka kokoma moyimi te mpona kozwa mingi. Mpe bango bakoyimayima te kaka mpo ete bazwi biloko malamu na mokili oyo te; mpo ete bango bakolinga kobonza biloko nioso bazali na yango---ata bomoi na bango---mpona Nzambe.

Bato oyo milimo na bango mizali malamu, bakobatela kondima na bango mpe bakosalela Nzambe ata kati na makambo na lolenge nini bazwami na yango, na kosalelaka mapamboli bazwi epai na Nzambe kaka mpona bokonzi na Ye mpe nkembo. Mpe mpo ete baton a molema efuluki bazalaka na mposa ata moke ten a kolanda bisengo na mokili., to mpe na kowayawaya mpona kondimama, to mpe kotambola na nzela na kufa, Nzambe akopambola bango mingi, mpe ata mingi koleka.

Yango tina mapamboli na molimo mizali na motuya koleka mapamboli na mosuni na mokili oyo eye ezali kolimwa lokola londende. Nde bongo, likolo na nioso, tosengeli kozwa na liboso mapamboli na molimo.

Tosengeli soko moko te Koluka Mapamboli na Nzambe Mpona Kosepelisa Bisengo na Mokili

Ata soki naino te tozwi mapamboli na molimo na molimo na biso kokende liboso, soki tokobi na kotambola na nzela na boyengebene mpe toluki Nzambe kati na kondima, Akotondisa bison a tango ngonga ekoki. Bato babondelaka mpo ete eloko esalema na mbala moko; kasi, kasi ezalaka na tango mpe koumela mpona eloko nioso nan se na moi, mpe Nzambe Ayebi ngonga malamu. Ezalaka na ba tango Nzambe Amemaka bison a kozela mpo ete Akoka kopesa biso ata mapamboli maleki minene.

Soki tozali kosenga Nzambe mpona eloko libanda na kondima na solo, bongo nde tokozwa nguya na kobondela na kokoba kino tango tokozwa eyano. Kasi soki tozali kosenga na

Nzambe eloko kati na ba mposa na bison a mosuni, bongo ata soki tobondeli na lolenge nini, tokozwaka eyano na Ye te.

Yakobo 4:2-3 elobi ete, "Bokolulaka nde bokozuaka te; bokobomaka mpe bokoyokaka zua, nde boyebi kozua te. Bokoswanaka mpe bokobundaka etumba nde bokozuaka te mpo bokolombaka te. Ata bokolombaka, bokokamataka te mpo ete bokolombaka na nzela mabe mpona kobebisa yango na mposa na bino mabe.. Soki moyekoli elenge asengi misolo epai na baboti na ye mpona kosomba biloko oyo ye asengelaki na kosomba te, baboti basengeli kopesa ye misolo te.

Yango tina tosengeli te kobondela mpona koluka ba mposa na makanisi na biso moko, kasi kutu, na nguya na Molimo Mosantu, tosengeli kolikia biloko kati na molongo na mokano na Nzambe(Yuda 1:20). Molimo Mosantu ayebi motema na Nzambe, mpe Akoki kososola mozindo na motema na Nzambe; nde bongo, soki bokomitika na kotambwisama na Molimo Mosantu kati na mabondeli, bokoki nokinoki kozwa biyano na Nzambe na mabondeli na bino nioso.

Bongo lolenge nini tokomitika na kotambwisama na Molimo Mosantu mpe tobondela kolandana na mokano na Nzambe?

Yambo, tosengeli komilatisa na Liloba na Nzambe, mpe tofandisa Liloba na Ye kati na bomoi na biso, bongo mitema na biso ikoki kozala lokola oyo na Christu Yesu. Soki tozali na motema lolenge na Yesu, nde na momesano tokobondela kolandana na mokano na Nzambe, mpe tokoki nokinoki kozwa eyano na mabandeli na biso nioso. Yango ezali mpo ete Molimo mosantu, Ye oyo Ayebi motema na Nzambe, Akokengela motema na biso mpo ete tokoka kosenga oyo elingi biso solo.

Kaka lolenge elobi kati na Matai 6:33 ete, "Boluka nde liboso Bokonzi na Nzambe mpe boyengebene na Ye, mpe biloko oyo nioso ikobakisama na bino," koluka Nzambe mpe Bokonzi na Ye liboso, mpe na sima senga na oyo elingi bino. Soki bokobondela kolukaka naino mokano na Nzambe, bokomona Nzambe kokitisaka liboso mapamboli ma ye likolo na bomoi na bino mpo ete kopo na bino ekoka kofulisama na biloko nioso bozali na yango bosenga kati na mokili oyo, mpe lisusu mingi koleka.

Yango tina tosengeli kokoba na kopesa mabondeli na solo mpe na motema mobimba epai na Nzambe. Na tango bobombi mabondeli na nguya kati na kotambwisama na Molimo Mosantu na mokoo na mokolo, kolula moko soko masumu na motema mikolongolama kati na motema na bino mpona libela, mpe bokozwa nini nini esengaki bino kati na mabondeli.

Ntoma Paulo azalaki moto na Bokonzi na Baloma mpe atangaki na makolo na Gamalia, motangisi aleka likolo mpe ayebanaka malamu mingi na tango na ye. Kasi, Paulo alingaka makambo na mokili oyo te. Mpona bolingo na Christu, amonaki nioso ezalaki na ye lokola bosoto. Lokola Paulo, biloko oyo biso tozali na bosenga na yango mpona kolinga mpe mpona kolikia izali malakisi na Yesu Christu, to maloba na Solo.

Soki tozwi bomengo na mokili mobimba, lokumu, nguya, mpe bongo na bongo, mpe tozali na bomoi na seko te, nini motuya na biloko yango? Kasi soki, lokola ntoma Paulo, tokobwakisa bomengo nioso na mokili oyo mpe tobiki bomoi kolandana na mokano na Nzambe, bongo nde Nzambe Akopambola biso solo mpo et molimo na biso ekoka kofuluka. Nde bongo tokobengama monene kati na Lola, mpe kokoma balongi na malkambo nioso na bomoi na bison a mokili mpe lokola.

Boye Nabondeli ete bokoka kolongola moyimi nioso to mpe kolula kati na motema mpe bomoi na bino, na tango bozzali nokinoki koluka kobulisama na wapi bosili kozala na yango, lokola bobateli elikia na Lola. Bongo nayebi ete bokotambwisa tango nioso bomoi etondisami na matondi mpe na esengo.

Chapitre 12

Mobeko na Kozala Kati na Nzambe

Masese 8:17

"Nalingaka ba oyo balingaka Ngai; mpe ba oyo balukaka Ngai bakutanaka na Ngai."

Kati na Matai chapitre 22, ezali na likambo esika wapi moko na Bafalisai atuni Yesu nini ezali mobeko moleki likolo.

Yesu Azongisi monoko ete, "Okolinga Nkolo Nzambe nay o na motema nay o mobimba, mpe na molimo nay o mobimba mpe na makanisi nay o mobimba. Oyo mozali mobeko moleki monene mpe oyo na liboso. Mosusu na mibale ezali mpe lokola yango ete, 'Okolinga mozalani nay o lokola yo moko. Mibeko yonso mpe masakoli ikangemi na mibeko oyo mibale." (Matai 22:37-40).

Yango elakisi ete soki tokolinga Nzambe na motema na biso nioso mpe na molimo na biso nioso mpe na makanisi na biso nioso mpe tokolinga bazalani na biso lokola biso moko, wana nde tokoki na bopete kotosa mibeko oyo nioso mpe lokola.

Soki solo tolingi Nzambe, lolenge kani tokoki kosala masuumuu eye Nzambe Ayinaka? Mpe soki tolingakka bazalani na biso lokola biso moko, lolenge nini tokoki kosala mabe mpona bango?

Mpo Nini Nzambe Apesa na Biso Mibeko na Ye

Bongo mpo nini Nzambe Amikotisa kati na mobulu na kopesa na biso moko na moko mpe mibeko nioso na Mibeko Zomi, esika kaka na kolobela na biso ete, "Linga Nzambe nay o mpe linga mozalani nay o lokola yo moko"?

Yango ezali mpo ete na ekeke na Kondimana na Kala, liboso na ekeke na Molimo Mosantu, ezalaki mpenza pasi mpona bato ete baling mpenza na mitema na bango longwa na mposa na bango moko. Na na nnzela na Mibeko Zomi, oyo epesi na Bayisallele makkasi masengelaki mpona kotosa Ye, Nzambe Atambwisaki bango na kolinga mpe na kobanga YYe, elongo na kolinga bazalani na bango na nzela na misala na bango.

Kino sasaipi, totali na mozindo kati na mobeko moko na moko, kasi sasaipi tika ete totala mibeko lokola biteni mibale: bolingo mpona Nzambe, mpe bolingo mpona bazalani na biso.

Mibeko namikaniselaki ikoki kokabolama na ete, "Linga Nkolo Nzambe nay o na motema nay o mobimba mpe na molema nay o mobimba mpe na makanisi nay o nioso." Kosalelaka kaka MOkeli Nzambe, kosala biikeko na lokuta te to mpe kongumbamela bango, na kokebaka mpona kotanga nkombo na Nzambe pamba te, mpe kobatela mokolo na Sabata bulee mizali nioso ba nzela na kolinga Nzambe.

Mibeko mitano kati na 10 mikoki na liboke kobengama "Linga mozalani an yo lokola yo moko." Kotosaka baboti, kokebisama mpona koboma, koyiba, kosala litatoli na lokuta, kolula, bongo na bongo, mizali nioso nzela na kopekisa misala mabe epai na basusu, to mpe bazalani na biso. Soki tokolingaka bazalani na biso lokola biso moko, tolingaki te kolinga ete bango baleka na pasi, bongo tokokaki kotosa mibeko mana.

Tosengeli Kolinga Nzambe Longwa na Kati na Mitema na Biso

Nzambe Amemaka bison a makasi te mpona kotosa mibeko ma ye. Amemaka biso na kotosa yango mpona bolingo na biso moko mpona Ye.

Ekomama kati na Baloma 5:8 ete, "Nde Nzambe Amonisi bolingi na Ye mpona bison a nzela oyo, naino ezalaki biso baton a masumu, Kristu Akufelaki biso." Nzambe Atalisaki yambo bolingo na Ye mpona biso.

Ezali pasi komona moto oyo azali kolikia kokufa na esika na moto malamu, mpe na sembo, to mpe ata mining na pembeni, kasi Nzambe Atinda Mwana na Ye se moko na likinda Yesu Christu Akufa na esika na basumuki mpona kosikola bango na elakelami mabe bazalaki nan se na yango kolandana na Mobeko. Bongo Nzambe Atalisaki bolingo eleka bosembo.

Lokola ekomama kati na Baloma 5:5 ete, « Elikya oyo ekozimbisa biso te mpo été bolingo na Nzambe esopani kati na mitema na biso mpo na Molimo Mosantu oyo Ye Apesi biso." Nzambe Apesi Molimo Mosantu lokola libonza na bana na Ye banso oyo bandimeli Yesu Christu, mpo ete bakoka na kososola na mobimba bolingo na Nzambe.

Yango tin aba oyo babikisami na kondima mpe babatisami na mai mpe na Molimo Mosantu bakoki kolinga Nzambe kaka na makanisi na bango te, kasi solo na katikati na makanisi na bango, kasi solo katikati na mitema na bango, na kondimela na bango babika kati na mibeko na Ye mpona bolingo na bango na solo mpona Ye.

Mokano na Ebandeli na Nzambe

Na ebandeli Nzambe Akelaka bato mpo ete Alingaka kozala na bana na solo na oyo Akokaki kolinga, mpe ba oyo bakokaki kolinga Ye mpe lokola, kati na kopona na bango moko. Kasi soki moto akotosa mibeko nioso na Nzambe kasi akolingaka Nzambe te, lolenge nini tokoka koloba ete azali mwana na Nzambe na solo?

Loboko oyo efutami mpona mosala ekoki te kozwa libula na nkolo na bombongo na yango, kasi mwana na mopesi mosala, oyo azali mpenza na kokesana na loboko epesami misolo, akoki kozwa libula na bombongo. Lolenge moko, ba oyo bazali kotosa mibeko nioso na Nzambe bakoki kozwa mapamboli ma Ye nioso malakama, kasi soki bazali kososola bolingo na Nzambe te, bakoki te kozala bana solo na Nzambe.

Na boye moto oyo asosoli bolingo na Nzambe mpe abiki kati na mibeko na Ye akosangola Lola lokola libula mpe akoki kobika kati na esika eleki kitoko na Lola lokola muana na solo na Nzambe. Mpe na kobikaka kati na ngambo na Tata, akoki kobika kati na nkembo na kongenga lokola moi, mpona libela.

Nzambe Alingi bato nioso ba oyo bazwi lobiko na nzela na makila na Yesu Christu mpe ba oyo balingi Ye longwa na kati na motema na bango babika na Ye elongo kati na Yelusaleme na Sika, esika Ngwende na Ye ezwami, mpe bakabola kuna bolingo na Ye mpona libela. Yango tina Yesu Alobaki kati na Matai 5:17, "Bokanisa te ete nayei kokangola makambo na Mibeko mpe basakoli. Nayei kokangola yango te kasi kokokisa yango."

Bilembo na Lolenge Nini Tolingi Nzambe

Lolenge oyo, kaka sima na kososola tina na solo mpo nini Nzambe Apesaka biso mibeko ma ye nde tokoka kokokisa Mobeko, na nzela na bolingo tozali na yango mpona Nzambe. Mpo ete tozali na Mibeko, to Mibeko, tokoki kotalisa 'bolingo' na mosuni, oyo ezali eloko na pasi mpona komonana na miso na mosuni.

Soki mua bato bakolobaka ete, "Nzambe, Nalingi Yo na motema na ngai mobimba, nde boye nasengi pambola ngai," lolenge nini Nzambe na sembo Akoka kondimela bosenga na bango, soki epimeli na kopimela bango ezali te, liboso na kopambola bango? Mpo ete tozali na epimeli, yango mibeko to MMobeko, tokoki komona soki solo balingaka Nzambe na mitema na bango mibimba. Soki bakolobaka na bibebo na bango ete balingaka Nzambe, kasi bazali kobatela mokolo na Sabata bulee te lolenge Nzambe Apesela na biso kosala, bongo nde tokoka komona ete baligaka solo Nzambe te.

Bongo mibeko na Nzambe mizali epemeli na oyo tokoki kopima to mpe kotala lokola elembo, na lolenge nini tolingaka Nzambe.

Yango tina elobami kkati na 1 Yoane 5:3 ete "Mpo ete bolingo na Nzambe ezali boye ete, tokokisa malako ma Ye;Malako ma Ye mpe mazali na bozito te."

Nalingaka ba Oyo Balingaka Ngai

Mapamboli tozwaka epai na Nzambe lokola lifuti na kotosaka mibeko ma Ye mizali mapamboli oyo elimwaka te to mpe mikotebaka soko te.

Ndakisa, nini esalemaka na Daniele, oyo asepelisaka Nzambe mpo ete Azalaka na kondima na solo mpe ye oyo atikala na kosangana na mokili te?

Daniele na ebandeli azalaka na libota na Yuda, mpe monkitani na libota na mikonzi na mboka. Kasi na tango Yuda na Ngele basumukaka liboso na Nzambe, Mokonzi Nabukadanesala na Babilona akotelaka bango mpona mbala na liboso kati na ekolo na mbula 605 Liboso na Yesu, Daniele oyo azalaki mpenza elenge, akamatamaki na Babilona lokola mokangemi.

Kolandana na olitiki na Mokonzi mpona komesanisa bapaya na culture na bango, Daniele elongo na ebele na bilenge mibali bazalaki mpe bakangemi, baponamaki mpona kobika kati na ndako na Nabukadanesala mpe bango batangisamaki na mayele na Babele mpona ba mbula misato.

Kati na tango oyo Daniele asengaki ete aleisama na bilei mpe na vigno na mokonzi te, mpona bobangi ete amibebisa na bilei oyo Nzambe Apekisa na ye kolia. Lokola mokangemi, azalaki na makoki mko ten a koboya bilei epesamelaki ye na mokonzi, kasi Daniele alingaki kosala oyo ekokaki ye kosala mpona kobatela kondima na ye peywa liboso na Nzambe.

Na komonaka motema na solo na Daniele, Nzambe Asimbaki motema na mokengeli na bakangemi mpo ete Daniele akka te kolia mpe kommela vigno na mokonzi.

Mpe na koleka na tango, Daniele, oyo abikaki mppenza kati na mibeko na Nzambe, atelemaki na ebonga na ministre wa yambo kati na Babilona, ekolo na bapagano. Mpo ete Daabiele azalak na kondima eye etepakatepaka te eye ebatelaki ye na kosangana na mokili, Nzambe Asepelaki na ye. Bongo ata soki ekolo embongwanaki, mpe bakonzi misusu bayaki, Daniele atikalaki malamu mingi na ba nzela na ye nioso, mpe akobaki kozwa bolingo na Nzambe.

Ba oyo balukaka Ngai Bakutanaka na Ngai

Tokoki komona lipamboli na lolenge oyo lelo. Mpona moto nani nani oyo azali na kondima lokola Daniele eye esanganaka na na mokili mpe ekomitika kati na mibeko na Nzambe kati na esengo, tokoki komona Nzambe kopambola ye na mapamboli eleki likolo.

Ba mbula zomi eleka, moko na ba mpaka na biso asalaka mpona company monene na mambi na misolo kati na ekolo. Mpona kobenda na client na bango, company ezalaka kosalisa bokutani na komela masanga elongo na ba clients na bango, mpe makutani na golf na ba weekend ezalaka lotomo mpona bango. Na tango wana, mpaka na biso azalaka diacre, mpe sima na kozwa ebonga oyo mpe na koyaka na kososola solo bolingo na Nzambe, ata soki company ezalaki na misala na mokili, atikala komela masanga elongo na ba client na ye te, atikala kozanga na mayangani na Eyenga te.

Mokolo moko, PDG na company na ye ayebisaki na ye ete, "Pona kati na company oyo na lingomba nay o." Kozala moto na ezaleli makasi, akanisaka ata mbala mibale te liboso na ye kopesa eyano ete, "Compani oyo ezali motuya mpona ngai, kasi soki okosenga ngai napona kati na company oyo mpe lingomba na ngai, Nakopona lingomba na ngai."

Na bokamwa, Nzambe Asimbaki motema na PDG oyo, mpe atiaki etape na likolo na kondima kati na mpaka oyo, mpe suka

suka azwaki promotion. Yango ezalaki nioso te. Kala te sima na wana, kolandana na ba milongo na ba promotion, mpaka asukaka na kokoma PDG na company!

Boye soki tolingi Nzambe mpe tokomeka kobika kati na mibeko ma Ye, Nzambe Atombolaka biso na kolonga na nioso ekosalaka biso, mpe Apambolaka bison a makambo nioso na bomoi na biso.
 Na kokesana na mibeko oyo mitiama kati na bato, maloba na bilaka na Nzambe mikombongwana na kolaka na tango te. Ata ekeke nini tozali koboka na yango, mpe ata soki biso tozali ba nani, soki tokotosaka kaka mpe tokobika kolandana na Maloba na Nzambe, tokoki kozwa mapambola elakama na Nzambe.

Mobeko na Komitika Kati na Nzambe

Na boye Mibeko Zomi, to mpe Mobeko oyo Nzambe Apesa na Mose, etangisi biso lolenge nini tokoki kozwa bolingo mpe mapamboli na Nzambe.
 Mpe na lolenge ekomama kati na Masese 8:17, "Nalingani na bango ba oyo balingi Ngai; baoyo bakoluka Ngai bakomona Ngai," Kolandana na lolenge nini tokomitika kati na mibeko na Ye, yango lolenge tokoki kozwa bolingo mpe mapamboli na Ye.
 Yesu Aloba kati na Yoane 14:21 ete, "Oyo azali na malako

na Ngai mpe azali kotosa yango, ye wana azali molingi na Ngai, molingi na ngai akolingana na Tata na Ngai, mpe Nakolinga ye mpe Nakomimonisa epai na ye."

Bongo mibeko na Nzambe emonani bozito to mpe makasi? Kasi soki solo tokolingaka Nzambe kati na mitema na biso, tokoki kotosa yango. Mpe soki tokomibengaka bana na Nzambe, tosengeli na momesano kobika kati na yango.

Yango ezali nzela na kozwa bolingo na Nzambe, nzela na kozala elongo na Nzambe, kokutana na Nzambe, mpe na kozwa biyano na Ye kati na mabondeli na biso. Na motuya koleka, Mibeko ma Ye ekobatela biso mosika na masumu mpe ikomema bison a nzela na lobiko, bongo boni lipamboli Mobeko na Ye ezali!

Ba tata na kondima lolkola Abalayama, Daniele mpe Yosefe, mpo ete babikaki mpenza kati na Mobeko na Ye, bazwaka mapamboli na kotombwama likolo na bikolo. Bazwaka mapamboli na kokotaka mpe bazwaki mapamboli na kobima libanda. Basepelaki kaka na mapamboli na lolenge eye te kati na makambo nioso na bomoi na bango, kasi ata na lola, bazwaki lipamboli na kokota kati na nkembo na kongenga lokola moi.

Nabondeli na nkombo na Nkolo na biso ete bokoka na kokoba na kopesa matoi na bino kati na maloba na Nzambe mpe bosepela kati na Mobeko na Nkolo mpe botanga yango moi mpe butu, nde boye bobika na mobimba kati na yango.

"Tala lokola ngai nazali kolinga bilakeli na Yo;
Bikisa ngai, e YAWE,
Pelamoko na boboto na Yo.
Kimia mingi ezali na bango bakolingaka
Mobeko na Yo; libaku ezali liboso na bango te.
Ɛɛ, Yawe nazali kozila kobikisa nay o mpe
Nazali kosala malako na Yo.
Lolemo na ngai ekoloba mpona Liloba na Yo.
Pamba te malako na Yo ezali boyengebeni mpenza."
(Nzembo 119 :159, 165, 166, 172).

Mokomi:
Dr. Jaerock Lee

Dr Lee abotama na Muan Province na Jeonnam, Republique na Coree, na 1943. Na tango azalaka na ba ntuku mibale ma ye, Dr. Lee anyokwama na ba bokono kilikili mpona ba mbula sambo mpe azalaka kaka kozela kufa na elikya moko te na kozongela nzoto malamu. Kasi mokolo moko kati na tango moi elingaka kokoma makasi mingi na 1974 akambamaki na egelesia epai na kulutu na ye ya muasi mpe na tango afukamaki mpona kobondela, Nzambe na bomoi Abikisaki ye na mbala moko na ba bokono na ye nioso.

Wuta mokolo akutanaki na Nzambe na bomoi na nzela na likambo wana na kokamwisa, Dr. Lee alinga Nzambe na motema na ye mobimba kati na bosolo, mpe na mbula 1978 abiagamaki mpona kokoma mosali na Nzambe. Abondelaka makasi mingi na kokila mingi na bilei mpo ete akoka kososola malamu mingi mokano na Nzambe, akokisa yango na mobimba mpe atosa Liloba na Nzambe. Na 1982, abandisaka Manmin egelesia Central na Seoul, Korea na ngele, mpe misala mingi na Nzambe, ata, bikamwa na lobiko, bilembo mpe bikamwiseli, mibanda kati na lingomba na ye wuta wana.

1986, Dr. Lee azalaki ordonner lokola Pasteur na Mayangani na Mbula na Yesu Egelesia Sungkyul na Coree, mpe sima mbula minei na 1990, mateya ma ye mabanda kotalisama na Australie, Rusia, mpe ba Philippines. Kaka sima na tango moke ba mboka ebele koleka mikomaki mpe kolanda o nzela na Companie na telediffusion na asia na moi kobima, Stion na telediffusion na Asia, mpe Systeme Radio na Bakristu na Washington.

Mbula misato na sima, na 1993, Egelesia Central Manmin eponamaki lokola moko na "Mangomba 50 na Mokili" na magazine na Mokili na Bakristu mpe azwaka Doctora Honorius na Bonzambe na College na Kondima na Bakristu, na Floride, America, mpe na 1996 azwaka Ph.D. na Mosala na Nzambe na Kingsway Seminaire ya Theologique, na Iowa, America.

Wuta 1993, Dr. Lee abanda kopalanganisa sango malamu kati na mokili mobimba na nzela na ba croisade na bikolo na bapaya na Tanzanie, Argentine, L.A., Baltimore City, Hawai, mpe na New York na America, Uganda, Japon, Pakistan, Kenya, Philippine, Honduras, Inde, Russie, Allemagne, Peru, Republique Democratique ya Congo, Yisalele mpe Estonie.

Na 2002 andimamaka lokola "molamusi na mokili mobimba" mpona mosala na ye na nguya na ba croisade ebele na bikolo na bapaya na ba Makasa minene na ba Sango na Bakristu na Coree. Mingi mingi ezalaki Croisade na ye na New York City na Madison

Square Garden, Ndako na ekenda Sango mokili mobimba. Milulu etalisamaki na ba mboka 220, mpe na 'Croisade na ye na Yisalele na 2009', esalamaki na Centre na Convetion International (CCI) na Yelusaleme Atatolaka na Mongongo makasi été Yesu Christu Azali Messia mpe Mobikisi.

Mateya ma ye mitalisamaka na ba mboka 176 na nzela na satellite kosangisa GCN TV mpe abengamaka kati na basali 10 baleki na kokangola bato na 2009 mpe 2010 na magazine ekenda sango na bato na Rusia magazine na Bakristu In Victory mpe agence na ba sango Telegraph na Bakristu mpona mosala na nguya makasi o nzela na bitando mpe mosala na ye kati na ba egelesia na mikili na ba paya na nzela na mosala na Sango Malamu.

Kobanda sanza na Mai na 2013, Egelesia Central Manmin ezali na lingomba koleka 120,000 na bato. Ezali na ba branche 10 ,000 na ba egelesia na mokili mobimba mpe ba branche 56 na mboka, mpe na ba missionaire 123 batindama na ba mboka 23, ata America, Rusia, Allemagne, Canada, Japon, China, France, Inde, Kenya, mpe mingi koleka, kino lelo.

Kino na mokolo na kobimisa buku oyo, Dr. Lee akoma ba buku 85, ata ba buku mikenda sango, Komeka bomoi na seko liboso na kufa, Bomoi na ngai bondimi na ngai I &II, Sango na ekulusu, bitape kati na kondima, Lola I & II, Hell, Lamuka Yisalele!, Nguya na Nzambe, misala ma ye mobongolisama na ba koto koleka 75.

Ba kolone na makomi ma ye na Bakristu mibimaka na Haankook Ilbo, Hebdomadaire Joong Ang, Chosun Ilbo, Dong-A Ilbo, Munhwa Ilbo, Seoul Shinmun, Kyughyang shinmun, Hebdomadaire economique na Coree, Herald Coreen, Ba Sango Shisa, mpe presse Chretienne.

Sasaipi Dr. Lee azali mokambi na ba organization missionaire ebele mpe na masanga. Ebonga na ye ezali: President, Lisanga na ba egelesia na Yesu Christu na kobulisama; President, Manmin Mission na Mokili mobimba. Na Lelo President, BoKristu na mokili mobimba na Mission na Association na Bolamuki; Fondateur & President na conseil na Administration, Reseau Mondiale na ba Minganga Bakristu (WCDN0 ; mpe mobandisi & President na conseil d'administration, Seminaire Internationale Manmin (MIS).

Other powerful books by the same author

Heaven I & II

A detailed sketch of the gorgeous living environment the heavenly citizens enjoy and beautiful description of different levels of heavenly kingdoms.

The Message of the Cross

A powerful awakening message for all the people who are spiritually asleep In this book you will find the reason Jesus is the only Savior and the true love of God.

Hell

An earnest message to all mankind from God, who wishes not even one soul to fall into the depths of hell! You will discover the never-before-revealed account of the cruel reality of the Lower Grave and hell.

Tasting Eternal Life Before Death

A testimonial memoirs of Dr. Jaerock Lee, who was born gain and saved from the valley of death and has been leading an exemplary Christian life.

The Measure of Faith

What kind of a dwelling place, crown and reward are prepared for you in heaven? This book provides with wisdom and guidance for you to measure your faith and cultivate the best and most mature faith.

www.urimbooks.com

www.ingramcontent.com/pod-product-compliance
Lightning Source LLC
LaVergne TN
LVHW021812060526
838201LV00058B/3354